LA CIENCIA DE LAS VENTAS

Planificación comercial en 10 pasos

José Luis Matarranz

AlmuzaraUniversidad

© José Luis Matarranz, 2024
© Editorial Almuzara, S.L., 2024
Primera edición: septiembre de 2024

ALMUZARAUNIVERSIDAD
almuzarauniversidad@almuzaralibros.com
Colección: Manuales universitarios
Directora: María Crespo

Diseño y maquetación: Ostraca Servicios editoriales
© Imagen de la cubierta: tippapatt | Adobe Stock

www.editorialalmuzara.com
pedidos@almuzaralibros.com - info@almuzaralibros.com

Imprime: Podiprint
ISBN: 978-84-10524-32-3
Depósito Legal: CO-1364-2024

Hecho e impreso en España - *Made and printed in Spain*
Editorial Almuzara
Parque Logístico de Córdoba. Ctra. Palma del Río, km 4
C/8, Nave L2, nº 3. 14005 - Córdoba

Índice

A mis sobrinas, Carla y Andrea

*(que su etapa universitaria les aporte mucho
para la vida que tienen por delante)*

AGRADECIMIENTOS

Opino que cualquier libro o manual académico es, sobre todo, el resultado de la docencia que se haya podido ejercer a lo largo de los años y este manual no es diferente. Es el resultado de más de cinco años de la enseñanza de la Planificación Comercial en EIG (Escuela Internacional de Gerencia), y que un buen número de estudiantes tuvieron a bien cursarlo, muchos de ellos estudiantes internacionales, quienes a través de convenios con la Fundación Universitaria CEIPA (Colombia) y Westfield (Estados Unidos) han accedido a la titulación de especialistas o másteres ejecutivos en Planificación Comercial. Es por ello, por lo que mi primer agradecimiento va dirigido a todos mis estudiantes, quienes tuvisteis a bien realizar esta especialización dentro de vuestros planes curriculares,

También, llegar a ello ha sido consecuencia de la confianza que los responsables y gestores de estos convenios han tenido en la metodología PBL (*Project Based Learning*) como herramienta de aprendizaje práctico: una forma de aprender, sobre todo, dirigida a profesionales que quieren adquirir competencias para ponerlas en práctica inmediatamente. Y es por ello, que mi segundo agradecimiento es para el Rector de la Fundación Universitaria CEIPA, el Dr. Diego Mazo Cuervo, quien nos animó, a un grupo de profesores de la Escuela Internacional de Gerencia (EIG), a impulsar y poner en marcha una serie de cursos entre los que está este de Planificación Comercial, con el objetivo de enseñar y transmitir conocimiento para saber "*hacer cosas*", hacerlas bien y con sentido.

A este mencionado grupo de profesores, todos grandes compañeros y amigos: Juan Francisco Muñoz, José Luis Pérez-Galán, Javier Traba, Jesús de Bustamante, Gustavo Calvo, Juan Ramón Lozano, Maria Rita Blanco, Alonso Gil-Casares, Arancha Burgos, Sigrid Arrieta, José Francisco Garrido, Iván Manuel Vals, Luisa Reyes, Miguel Angel Vera y Marisol Carvajal, quienes contribuyeron a mejorar cada día esta metodología del PBL en 10 pasos, también mi agradecimiento por acompañarme hacia ese reto que nos propuso CEIPA y que hoy podemos asegurar que lo alcanzamos con creces. Y también un agradecimiento muy especial a Verónica Díez y a Daniela Daza, desde su posición de *Student Services* de EIG dieron acompañamiento y soporte a estudiantes y a profesores, haciéndonos el día a día más fácil y llevadero a todos.

Y de todos los mencionados, mi mayor agradecimiento siempre es para Marisol, quien además de profesora, es mi compañera de viaje que me ha permitido Dios tener en esta aventura maravillosa que es la vida, que me anima a acometer todos estos proyectos, haciéndome consciente que nuestra misión como profesores va más allá del aula o la sesión síncrona en la plataforma. Como docentes, tenemos la misión de llevar nuestro conocimiento lo más lejos posible, y a la vez poniéndole al alcance de cuantos más estudiantes, mejor, para así ayudarles en su formación y a que también nuestros alumnos algún día puedan alcanzar sus metas profesionales, y seguramente, también personales.

E igualmente importante, mi agradecimiento siempre a mis padres, José Luis y M.ª Carmen, porque sois quienes desde siempre me habéis apoyado en cualquier proyecto que acometo: sin ese apoyo y aliento que siento que cada día me dais, nada de lo que haya podido conseguir a lo largo de mi vida, no habría sido posible.

Por último, mi agradecimiento al editor de este manual, Manuel Pimentel, por su confianza y amistad, y al equipo de ALMUZARA liderado por María Crespo, quienes con su dedicación y paciencia lo han hecho posible.

Madrid, 7 de julio de 2024

INTRODUCCIÓN

Este manual que el lector tiene entre sus manos es el resultado de lo que llevo aprendido sobre Planificación Comercial desde el año 1997 cuando me incorporé a la división de ventas de Telefónica Móviles, como adjunto al director, precisamente para acometer actividades, tareas y proyectos de Planificación Comercial. ¿Qué podía aportar un ingeniero industrial que provenía del sector de los proyectos energéticos a una división de ventas de una empresa de telecomunicaciones que previsiblemente debía abordar retos comerciales, hasta ese momento desconocidos, ni siquiera imaginados? Ni yo mismo lo sabía, y creo que todos los que allí estaban conmigo en esos momentos también lo desconocían.

En teoría eran mis habilidades numéricas y *mentalidad de procesos* las que deberían servirme para organizar una división comercial que incluía siete organizaciones territoriales, con más de doscientos comerciales y un presupuesto de casi doscientos mil millones de las antiguas pesetas, lo que al cambio hoy serían mil doscientos millones de euros. Sin duda, era el escenario perfecto para aprender Planificación Comercial, aunque reconozco que no tenía ni idea de cómo organizar aquello. Pero, sí ciertamente, considero que tenía las competencias para hacerlo: habilidades numéricas y mentalidad de proceso, justo lo que me sirvió para ponerme manos a la obra. Todo lo demás lo fui aprendiendo juntamente con quienes fueron mis directores y compañeros, quienes conocían a la perfección todo lo que es y rodea a la actividad comercial y a las ventas. El equipo funcionó y así lo hicimos: poner en su sitio a los números e interpretar vía procesos todas las actividades que posibilitaron las ventas de miles y millones de líneas telefónicas desde aquel año de 1997 hasta junio de 2002, fecha en la cual salí de la filial de la multinacional español para emprender otros nuevos retos y dejar atrás, la que fue una etapa apasionante, pero también con otros muchos costes, que no vienen al caso citar en estos momentos.

Tras ese definitivo aprendizaje, llegaron otras experiencias y retos laborales en los que la planificación de las ventas y comercial han estado siempre presente, con números y organizaciones mucho menores, pero igualmente fueron experiencias retadoras y hasta más difíciles si cabe; fue como pasar de pilotar un jet supersónico que cruza el Atlántico, de Londres a Nueva York en unas pocas horas, a llevar un pequeño carro tirado por bueyes con una pesada carga, que simplemente debía recorrer algunos cientos de metros una vez al día. Sin embargo, le pido al lector que me crea si le digo que ambas cosas pueden ser igualmente de difíciles, de retadoras y de gratificantes si se hacen bien y se alcanzan las metas establecidas. Ambos escenarios, siendo uno equiparable a la Scala de Milán y el otro, al salón de actos de cualquier pequeño colegio, en el momento de actuar en ambos lugares se requiere destreza y profesionalidad para que la actuación sea digna y cualquiera que sea el auditorio, disfrute de la actuación. En cualquiera de las dos empresas, sea cual sea su tamaño, se requerirá manejar los números con acierto y proponer los mejores procesos para ayudar a la dirección comercial en su misión de obtener los resultados que se le han pedido, y a través de ellos, que las empresas puedan ser viables, rentables y sostenibles en el tiempo.

A lo largo de las siguientes páginas he tratado de aportar una visión (resumida o simplificada) de lo que puede ser la planificación comercial de cualquier empresa incluyéndose tanto aspectos cuantitativos, como cualitativos, y estratégicos de la gestión comercial. También esta visión reducida ha sido el resultado de una experiencia formativa que desde 2018 hemos venido llevando a cabo en las instituciones de Educación Superior (EIG Business School, Fundación Universitaria CEIPA, Alcalá Global School, Westfield Business School, etc.) han tenido a bien contar conmigo para impartir Planificación Comercial en sus diferentes programas y titulaciones, la cuales siempre han sido impartidas utilizando la metodología del Project Based Learning o PBL.

Fue el Rector de la Fundación Universitaria CEIPA, el Dr. Diego Antonio Mazo, quien apostó por el PBL para que lo utilizáramos como metodología de aprendizaje en nuestros convenios académicos entre CEIPA (Colombia) y las instituciones españolas (Alcalá Global e EIG), en las que he desempeñado desde 2017 diferentes puestos de gestión académica (decano y vicepresidente académico). La metodología PBL se basa en la aplicación del conocimiento a una situación real que el estudiante debe proponer y a la que posteriormente aplicará los conocimientos adquiridos, de una forma práctica, y enfocándose a la resolución del problema propuesto.

El PBL es una pedagogía constructivista que sostiene que los estudiantes aprenden mejor cuando están involucrados activamente en la resolución de problemas del mundo real. Esto implica que los estudiantes adquieran conocimientos aplicables a través de proyectos que reflejen desafíos auténticos que enfrentarían en sus carreras profesionales. Este enfoque fomenta la autogestión del aprendizaje, donde los estudiantes son protagonistas de su propio proceso educativo, con los profesores actuando como facilitadores y mentores.

Las investigaciones han demostrado que el PBL puede mejorar la retención a largo plazo de los contenidos, así como las habilidades de colaboración y resolución de problemas. Además, los estudiantes que participan de esta metodología PBL suelen tener actitudes más positivas hacia el aprendizaje y pueden desempeñarse tan bien o mejor que sus compañeros en evaluaciones estandarizadas.

El PBL fomenta la colaboración, una habilidad crucial en el mundo empresarial. Los estudiantes trabajan en equipos, lo que les permite desarrollar habilidades interpersonales y de liderazgo, esenciales para la gestión efectiva de negocios. El uso de tecnologías digitales en PBL puede mejorar la eficiencia en la comunicación y la realización de productos, permitiendo a los estudiantes diseñar soluciones innovadoras para problemas reales planteados por organizaciones externas o corporaciones.

Otros estudios y empresas han explorado el uso del PBL para fomentar una mentalidad emprendedora y competencias específicas en el ámbito empresarial demostrándose que el PBL puede ser una herramienta efectiva para desarrollar habilidades cruciales como la colaboración, el pensamiento crítico, y la capacidad de resolver problemas reales, todas ellas esenciales para el crecimiento y la innovación en las empresas.

En definitiva, este manual, cuya lectura o consulta el lector inicia a continuación, es el resultado de muchas horas de docencia (preparación e impartición) dedicadas a los temas y las cuestiones que he considerado cruciales para un buen desempeño de la planificación comercial, de una manera práctica y resolutiva. Pero, también, es el resultado de muchas horas que cientos de estudiantes han dedicado a la realización de sus proyectos, resultando lo que Usted va a leer a continuación, la condensación de todo ese trabajo realizado.

¡Gracias a vosotros, estudiantes!

CAPÍTULO I. PRIMER PASO
LA DEFINICIÓN DEL MODELO COMERCIAL

Introducción

¿Dónde están nuestros clientes; quiénes son y cómo podemos llegar a ellos? Estas son las primeras preguntas que deberían surgir cuando una empresa está planificando su acción comercial; esto es tanto como elegir la ruta que el viajero está diseñando para llegar a su destino. En esto consisten los modelos comerciales, en cómo las empresas se preparan para llegar a sus clientes y les pueden hacer llegar en tiempo y forma sus productos y servicios. En este primer capítulo abordaremos las cuestiones relacionadas con los modelos de venta y comerciales que cualquier empresa debe establecer.

Palabras clave

Modelos Comerciales, Canales de Distribución, Venta Directa e Indirecta, Distribuidores y Puntos Venta, Detallistas, Intermediarios.

Reto

A través del contenido de este capítulo estaremos en disposición de tomar las decisiones oportunas sobre el modelo comercial que una empresa debe adoptar aplicando los criterios que a continuación se explican.

¿QUÉ SON LOS MODELOS COMERCIALES?

Comenzaremos refiriéndonos a los modelos comerciales ya que son la manera en la que cualquier empresa o negocio, por pequeño o grande que sea, necesita tener. Dentro de las muchas decisiones que los emprendedores o gestores tienen que tomar, está decidir cómo vender. Hoy las empresas tienen la capacidad incluso de vender sus productos sin que aquella tenga una presencia física. Una página web, una red social o un gran *Marketplace* como Amazon son suficientes para vender los productos que se fabrican en una empresa.

El modelo comercial, si no es la primera decisión que se debiera tomar, sí es una de las cuatro o cinco decisiones trascendentales o estratégicas que se deberán tomar en una empresa. Además de cómo financiar la empresa, qué política de contratación de recursos debemos llevar, y/o que modelo de desarrollo de nuevos productos y servicios vamos a implantar, cómo vender parece que también es una decisión bastante importante para el negocio.

Cómo vender debe responder al primero y principal objetivo que la empresa tiene, que es la de obtener ingresos a través de la comercialización de los productos y/o servicios generados. También cualquier empresa o negocio, cualquiera que sea según su tamaño, localización, sector, etc., deberá vender sus productos para ser rentable y sostenible en el tiempo. Esto significa que la decisión sobre **el modelo comercial** deberá tomarse teniendo en cuenta ese objetivo superior que toda compañía debe tener: ser rentable para sus accionistas y sustentable en el tiempo, de manera que se garantice el servicio al cliente (o el producto) y el pago a empleados, proveedores, responsabilidades fiscales, etc.

Los modelos comerciales se clasifican de acuerdo con el tipo de intermediación que haya entre empresa y cliente; y de acuerdo con el entorno en el cual esa relación comercial tiene lugar. Atendiendo al primer criterio, hablaremos de **modelos directos** en los que no hay mediación e **indirectos**, en los que sí la hay. Y de acuerdo con el entorno en el cual tiene lugar, ya hoy en día podemos hablar **de modelos físicos o modelos digitales**, sean en el entorno presencial o tengan lugar en Internet.

El Punto de partida: ¿dónde están nuestros clientes?

Cómo llegar a nuestros clientes es la primera cuestión que cualquier modelo de negocio se debe plantear una vez determinado quiénes son nuestros clientes objetivos y sabiendo qué es lo que les vamos a ofrecer. Antes incluso que una empresa inicie su fase de lanzamiento y la operación; que se ponga en marcha la fabricación de la nueva gama de productos, el lanzamiento de un nuevo servicio o, en cualquier caso, algo nuevo que ofrecer, diseñar el modelo comercial cómo y quiénes venderán estos nuevos productos y servicios es tan importante como lo anterior.

Tengamos en cuenta que si la empresa no hubiera sido capaz de plantear un modelo eficaz para vender sus productos asumiría un riesgo muy grande ya que los productos se quedarían en los almacenes y lo que es más grave, la empresa no tendría la posibilidad de obtener los ingresos que necesita para su viabilidad.

¿CUÁL ES LA MEJOR FORMA QUE TENEMOS PARA VENDER NUESTROS PRODUCTOS?

Desde lo más simple que podemos comprar a diario (un periódico o un litro de leche, por ejemplo) hasta los de bienes que requieren un sofisticado proceso de compra como podría ser una maquinaria industrial, todos están sujetos a diferentes modelos de venta y a diferentes formas de llegar a sus clientes, en definitiva, a distintos modelos de distribución, pero… ¿serán tan diferentes? ¿cuáles son las diferencias reales que hay entre la manera de vender un "periódico físico" en un quiosco y "una gran maquinaria industrial"?

Veamos el siguiente gráfico:

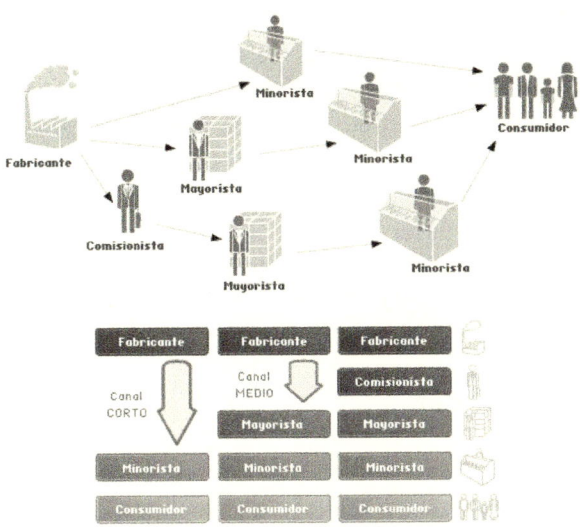

Figura 1.1. Modelos comerciales de fábrica al consumidor
Fuente: elaboración propia

En algunos casos, comprobamos que los modelos difieren, aunque los bienes sean de la misma naturaleza y por otra parte, comprobamos que productos o servicios con naturalezas muy diferentes pueden tener modelos de comercialización muy parecidos.

Por ejemplo, cuando estamos pensando comprar un vehículo, en ningún caso acudiremos a la fábrica de automóviles, al igual que si queremos adquirir un periódico y no leerlo por Internet, nos plantearemos ir a los talleres de impresión de edición del periódico, y nadie llamará a la puerta para ofrecernos un periódico ni mucho menos el coche deseado. En cualquier caso, acudiremos al quiosco de la esquina o iremos al concesionario más cercano del fabricante de la marca que nos interesa.

Al final, llegamos a la conclusión de que las formas de venta de dos productos, tan diferentes en valor y frecuencia de compra, se apoyan en sistemas comerciales parecidos en los que intervienen terceros: es decir, **modelos de distribución indirecta**. Por tanto, los modelos de distribución indirecta son aquellos que se apoyan en terceros para hacer llegar sus productos y sus servicios a sus clientes.

Algo parecido podemos decir cuando comparamos los modelos comerciales que utilizan empresas que comercializan servicios de consultoría o financieros, y un fabricante de productos de gran consumo que entregara sus mercancías bajo pedido, como por ejemplo un fabricante de muebles, quien vende sus creaciones en la misma fábrica tras la visita que realizan sus clientes a la exposición. Pues bien, tal y como se deduce, los modelos son iguales y los llamaremos **modelos de venta directa** pues el cliente y beneficiario del producto y el servicio lo compra directamente al proveedor o suministrador del bien (producto o servicio).

A continuación, describiremos algunas cuestiones a tener en cuenta a la hora de decidir qué modelo es el más conveniente para el negocio y como se debe planificar.

Modelos de venta directa

Cuando las empresas adquieren servicios de consultoría, compran grandes bienes de equipo o realizan alguna operación financiera de mucho valor, el contrato se suele hacer directamente con un representante de la parte vendedora, es decir, un empleado de la propia "compañía vendedora" se encarga de dirigir la operación como parte del equipo comercial o de cuentas,

Los procesos no son distintos en sí: al contrario, en cualquiera de los casos hay transacciones y pagos, dinero por productos, dinero por servicios. Los clientes pagan y, a cambio, reciben el bien adquirido, y lo reciben de manera directa, sin intermediarios entre el proveedor o fabricante y el cliente o comprador.

Por tanto, los modelos de venta directa son aquéllos que se realizan a través de fuerzas comerciales de la propia empresa que fabrica el producto final o presta el servicio. Serán equipos comerciales contratados, formados y remunerados por la propia empresa que vende el bien, siendo ésta una de las características de los modelos directos. Otra de las características por las que hablamos de modelos directos, se debe a que el pago por parte del cliente se realiza directamente a quien ha generado el bien, el cual siempre será el responsable de la calidad y la prestación del producto. Este es un detalle que a veces pasa desapercibido para el cliente, ya que el cliente *reclama* a quien ha pagado, y sin embargo démonos cuenta de que no siempre el receptor del pago es el primer responsable de la calidad del producto, aunque ante el cliente sí lo será.

Figura 1.2. Modelo de venta directa
Fuente: Elaboración propia

CRITERIOS PARA ELEGIR UN MODELO COMERCIAL

El criterio determinante para la elección será, como hemos mencionado, la facilidad para vender y llegar al cliente potencial de la manera más sencilla y rentable posible, lo cual también tiene influencia en otras cuestiones que son importantes para una empresa y que se pueden resumir en las siguientes cuestiones:

a) **El resultado económico de la empresa**, pues el propio modelo comercial está basado en una serie de costes: márgenes, retribuciones y comisiones que el fabricante o proveedor deberá pagar al intermediario de la cadena de distribución como a continuación veremos. Por lo tanto, hay un impacto en el resultado económico-financiero de la compañía muy importante.

b) **El diseño de las operaciones** o en la forma en la que la empresa proveedora y su canal de distribución opera la entrega, es decir cómo se lleva a cabo la logística del producto hasta el cliente o hasta el lugar en el cual éste lo podrá comprar. Esta cuestión requiere de tiempo, comprensión de los espacios y las distancias y por tanto también de los recursos que deberán emplearse para que todo se pueda realizar según lo planificado

c) **La imagen corporativa de la marca del producto** o el servicio que quedará asociada a la imagen de la cadena de distribución o del punto de venta final que interactuará finalmente con el cliente. Dependiendo de cómo sea éste (calidad, servicio, cercanía, localización, etc.) también la imagen del producto se verá afectada por las decisiones que se tomen a la hora de elegir el canal de distribución.

Figura 1.3. Triángulo de relaciones comerciales y decisiones empresariales
Fuente: Elaboración propia

En definitiva, estamos hablando de una de las decisiones más críticas que un negocio podría llegar a tomar durante su gestión: determinar su modelo comercial con todas las implicaciones estratégicas y lo que ello supone: rentabilidad, operatividad e imagen de marca.

MODELOS COMERCIALES INDIRECTOS: CANALES DE DISTRIBUCIÓN

Después de haber realizado la descripción, fijemos a continuación en el otro modelo de distribución por excelencia: el modelo indirecto de venta, el cual es el utilizado mucho más que el modelo directo. De hecho, si lo pensamos detenidamente, prácticamente todo lo que adquirimos a diario y no tan a diario lo hacemos a través de un tercero que no es el fabricante o el proveedor del servicio (quizás en el sector servicios es algo mayor el porcentaje), pero todas aquellas cosas que consumimos a diario (productos del gran consumo, alimentación sobre todo) lo adquirimos en supermercados, en centros comerciales, hipermercados o tiendas especializadas que se encargan de hacer el acopio de estas mercancías en sus lineales y almacenes para posteriormente ofrecerlas y venderlas a los consumidores que acuden a estos establecimientos.

Tal y como hemos representado en la figura 1.1, el camino de la fábrica al distribuidor requerirá de figuras intermedias cuya misión será la de ir acercando el producto hasta el lugar de venta. Estos pasos necesarios para la mercancía será lo que llamaremos **eslabones de la cadena de distribución,** denominándose **detallista o minorista** al último punto al cual llega el producto para ser vendido. Por lo tanto, detallista o minoristas, incluso *dealer,* son todas nuestras tiendas en las que compramos leche, pan de molde, los detergentes para nuestras lavadoras o las lámparas que dan luz en nuestros hogares.

Sería realmente extenso si nos detuviéramos en muchos de los detalles que sugiere la gestión de estos minoristas, así como describir las características de estos negocios, porque así lo son. Daría también para muchas páginas describir las grandes cadenas de distribución mundial que están presentes en muchos países y que ya de por sí ocupan los primeros puestos como empresas líderes (Walmart, IKEA, Carrefour, etc.). La propia gestión del minorista también es compleja y tiene sus particularidades de las cuales se ocupan otras áreas específicas del marketing como es el *Merchandising* o la Distribución Comercial y que por tanto abarcan otras cuestiones que van más allá de la planificación comercial, que es el aspecto al que estamos dedicando estas páginas.

Por tanto, ya vemos que, entre el fabricante y el cliente, existe la figura del minorista, parte del último eslabón, pero previamente es muy posible que el fabricante requiera de otras figuras que faciliten la llegada del producto al punto final. Estos intermediarios, así llamados de manera genérica podrán ser mayoristas, comisionistas o agentes logísticos.

Las funciones de estas figuras serán la de mover los productos desde los centros de producción hasta los detallistas o puntos de venta con el fin de acercarlos al consumidor, pero al mismo tiempo haciéndolo de una manera eficaz, tanto en tiempo como en costes económicos. En el caso de los mayoristas, se asumen tanto responsabilidades logísticas como económicas. Por otra parte, los comisionistas intermediarán entre los fabricantes y los detallistas y deberán recurrir a operadores logísticos que realizan los traslados de los productos desde los centros de producción hasta los nodos oportunos que vayan acercando más y más el producto al consumidor. Esta es la razón por la cual, finalmente podemos comprar el pan de molde, el café en grano o un refresco en cualquier punto de venta o lugar de distribución.

CONCLUSIONES

El objetivo de este capítulo ha sido mostrar desde el punto de vista de la planificación comercial las distintas formas de llegar a los mercados y por tanto al cliente. Tal y como se ha explicado el modelo comercial no lo determinan ni los tipos de clientes; ni los productos, ni los precios de éstos sino la viabilidad de acercarnos allá donde están quienes finalmente comprarán los productos o contratarán los servicios.

El modelo comercial en sí mismo, puede llegar a ser una de las partes más importantes de la estrategia que las empresas pueden tener ya que un buen modelo comercial y de la manera que se gestione puede ser una gran ventaja competitiva.

La distribución se convierte en una ventaja competitiva cuando una empresa ha dado con su modelo comercial perfecto, que le permite vender mucho, aumentar el valor perceptible de sus productos y satisfacer sus mercados.

La terminología del *Trade Marketing* es especial e incluye términos como:

Distribuidor: Agente mediante el que el fabricante o el promotor comercializan bienes o servicios.

Suministrador, Fabricante o Proveedor: Fabrica los productos o promueve los bienes que comercializan los distribuidores.

Punto de Venta: Tienda o lugar donde se realiza la venta. Puede ser el distribuidor en si mismo o formar parte de él.

Cadena de Distribución: La forma más frecuente de distribución. Está formada por varios puntos de venta.

El Modelo Comercial es una decisión estratégica de la empresa cuyo objetivo es llegar a los potenciales clientes que tiene una empresa

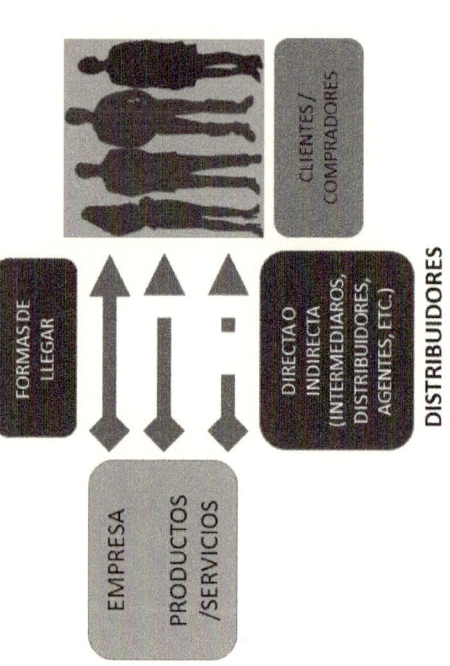

FORMAS DE LLEGAR

EMPRESA
PRODUCTOS /SERVICIOS

DIRECTA O INDIRECTA (INTERMEDIAROS, DISTRIBUIDORES, AGENTES, ETC.)

DISTRIBUIDORES

CLIENTES / COMPRADORES

26

APLICACIÓN PRÁCTICA DEL PASO 1

Epsylom Informática, fabricante de ordenadores personales y accesorios informáticos, cuya planta de montaje de componentes y plataforma logística están en Valencia (España) cuenta con tres divisiones de venta: venta a empresas, venta a gran público y canal digital. Los productos de Epsylom se venden inicialmente tanto a clientes profesionales (empresas y trabajadores por cuenta propia) como a público en general y para ello la compañía cuenta con tres canales:

1. El Canal Directo;
2. El Canal Indirecto, y;
3. El Canal Digital.

El Canal Directo o fuerza de ventas propia está enfocado a la venta a empresas y grandes cuentas que Epsylom tiene. Su organización se basa en delegaciones que dependen directamente del Director Comercial. Las delegaciones son cuatro, tres están en España y hay una cuarta delegación que tiene su sede en París y que gestiona todos las cuentas y clientes que Epsylom tiene fuera de España. Las delegaciones nacionales están en Madrid, Sevilla y Bilbao y cuentan con los recursos que a continuación se detallan en la siguiente tabla. La sede central de Valencia también cuenta con un equipo comercial que atiende a las cuentas y clientes del entorno.

Delegación	Personal Administración	Comerciales Seniors	Comerciales Juniors
CENTRAL	6 personas	4 personas	8 personas
MADRID	2 personas	7 personas	14 personas
SEVILLA	1 persona	2 personas	7 personas
BILBAO	1 persona	3 personas	4 personas

Al frente de cada delegación está el jefe de ventas que reporta al director de ventas. El personal administrativo de la delegación central en Valencia presta apoya al resto de las delegaciones en sus relaciones con los diferentes departamentos de la empresa: financiero, logística, posventa, marketing, etc.

La delegación de París o delegación internacional cuya misión es la de abrir mercado en Europa, cuenta con un director de delegación o internacionalización que también depende del director de comercial, dos personas de administración, y cinco comerciales todos ellos de perfil senior.

Epsylom tiene un canal indirecto, gestionado desde el departamento comercial en su sede central en Valencia, y desde el cual se gestiona una red de distribución indirecta de 75 distribuidores informáticos los cuales tienen presencia desigual en las diferentes comunidades y regiones de España. Estos 75 distribuidores a su vez representan 320 puntos de ventas, sobre los cuales Epsylom tiene un control directo. Entre estos distribuidores están cadenas de grandes almacenes como El Corte Inglés o cadenas de grandes superficies como Carrefour o Alcampo, que venden estos productos informáticos en sus departamentos destinados a tal fin. Entre estas cadenas también se encuentran especialistas en el sector como Media-Mart o Worten, establecimientos todos ellos especializados en la venta de productos informáticos.

Epsylom sirve sus productos directamente a cada uno de estos distribuidores a demanda de ellos en sus plataformas, haciéndoles llegar la mercancía de acuerdo con las peticiones y previsiones de ventas (forecast) de estas propias cadenas.

Epsylom también cuenta con 12 mayoristas de distribución informática que se estiman que proveen de productos a más de 4.000 puntos de ventas. Epsylom hace llegar sus mercancías a las plataformas logísticas de estos mayoristas quienes a partir de este momento se responsabilizan de la puesta en tienda de estos productos. Epsylom colabora en la medida que puede en el control de estas ventas, pero lo hace a través de los propios mayoristas y los comerciales y vendedores que estos tienen.

Figura 1.1. Esquema de venta directa
Fuente: Elaboración propia

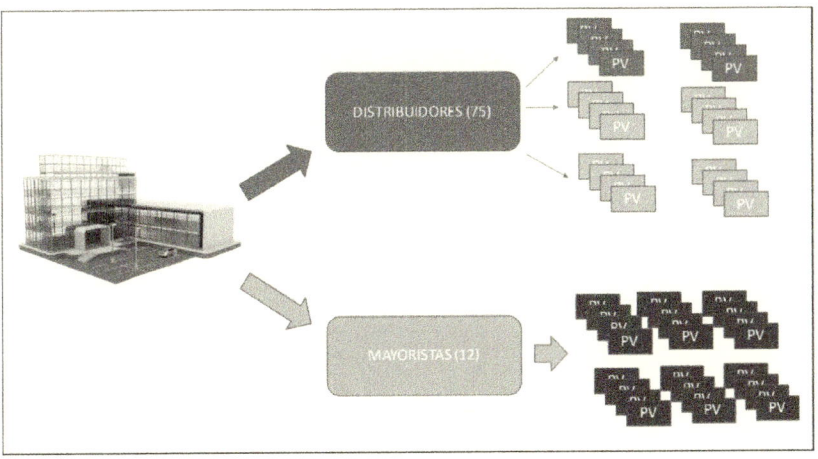

Figura 2.1. Esquema del modelo de distribución indirecta
Fuente: Elaboración propia

Conclusiones

El objetivo de este primer entregable y capítulo del proyecto que se está realizando es la descripción del modelo comercial de la empresa. Todas las empresas tienen la necesidad de vender y esto significa que tiene que llegar a sus clientes, allí donde potencialmente se encuentren o consideren que están. De la misma forma, también es posible que la misión de la empresa sea facilitar el acceso de los clientes a estos productos o servicios.

Por tanto, tras la realización de este primer capítulo se habrá tenido que describir aquellas cadenas y modelos de distribución que la empresa está utilizando, que como también se ha descrito en los contenidos podrán ser directos o indirectos; presenciales o virtuales.

El empleo del modelo de gestión de la Calidad Total en el sector de la distribución: El Caso de Mercadona

"El Caso de Mercadona constituye un buen ejemplo de cómo una empresa ha sido capaz de implantar el Modelo de Gestión de Calidad Total (GCT) dentro del sector de la Distribución Comercial. La introducción de este modelo respondió a una decisión estratégica tomada por su presidente a principios de los noventa y, como consecuencia de esta, la compañía ha conseguido dotarse de una característica diferencial que le ha aportado una notable ventaja competitiva. (Deloitte, 2007)".

"La aplicación del modelo del GCT permitió a la empresa superar una situación crítica que amenazaba su supervivencia a principios de la década de los noventa y gracias al mismo ha conseguido posicionarse en una situación de liderazgo dentro de su sector, así como alcanzar unas tasas de crecimiento y resultados empresariales que han despertado la atención del mundo académico y de la competencia, tanto en España, como en el ámbito internacional"

Referencia bibliográfica
Blanco, M., & Gutiérrez, S. (2008). El empleo del modelo de gestión de la calidad total en el sector de la distribución comercial en España: El caso de Mercadona. Universia Business Review, (17), 40-63.

La industria de la música, las nuevas tecnologías digitales e Internet. Algunas transformaciones y salto en la concentración

"Las transformaciones que ocurrieron en el seno de la industria de la Música a partir del surgimiento y expansión de las nuevas tecnologías digitales, tales como los reproductores de música MP3, los soportes digitales DVD y fundamentalmente Internet han traído consigo nuevas estrategias y modelos de negocio en las grandes compañías discográficas multinacionales (Majors) tomando como referencias a empresas como Apple y su plataforma web iTunes, y otras plataformas web, tales como la desarrollada por la empresa Napster".

Referencia bibliográfica
Calvi, J. C. (2011). La industria de la música, las nuevas tecnologías digitales e Internet. Algunas transformaciones y salto en la concentración.

Cómo determinar el modelo comercial óptimo

La decisión sobre el modelo comercial se ha de tomar teniendo en cuenta todos los aspectos de los negocios y que intervienen en la gestión del negocio: sistemas operativos, habilidades de quienes gestionan cada uno de los puntos de distribución y el impacto en los resultados tanto en el corto como el medio plazo, asumiendo que los resultados a la larga serán siempre positivos.

La mejor forma de entender qué son los Canales de Distribución es analizar la propia definición de Canal, según el Diccionario de la Real Academia Española: "cauce artificial por donde se conduce el agua / cualquiera de las vías por donde circulan las aguas o los gases en el seno de la Tierra".

Sustituyamos la palabra agua por productos y habremos obtenido una buena definición de lo que son los Canales de Distribución para nuestro negocio. A partir de aquí, cualquier conjetura queda admitida.

Un fabricante utiliza estos canales como cauces para hacer llegar sus productos a su destino: sus clientes. Pensemos en lo que ocurriría si cada periódico o coche tuviera que venderse puerta a puerta, o si el cliente tuviera que acudir hasta el lugar de la venta.

Referencia bibliográfica
Matarranz, J.L. (2009): Cómo determinar el modelo comercial óptimo. España: Clase-Ejecutiva Editorial S.L.

CAPÍTULO II. SEGUNDO PASO
INGRESOS COMERCIALES: OBJETIVOS
Y PREVISIONES DE VENTAS

Introducción
La viabilidad e incluso el futuro de cualquier empresa o negocio estará condicionado siempre por sus ingresos; si una empresa no vende, no podrá sobrevivir a sus gastos y a sus costes, obviamente. Por lo tanto, el objetivo de este capítulo es conocer las variables y los conceptos que estarán asociados a los ingresos y por lo tanto a las ventas y como la planificación comercial debe calcularlos. En estos cálculos y antes de utilizar cualquiera de los modelos que facilita el cálculo de estos objetivos, se deberán tener en cuenta tres aspectos: las necesidades financieras, el análisis del entorno y los escenarios que se pueden contemplar.

Palabras clave
Ingresos, volumen por facturación, objetivos de ventas, periodificación de ingresos, ciclos de venta, rentabilidad.

Reto
A través del contenido de este capítulo, se responderá a preguntas tales como cuáles son los factores importantes que se deben tener en cuenta para definir los objetivos de los ingresos de una empresa, qué relación hay entre los ingresos y los objetivos financieros y para qué sirve el análisis del entorno cuando se calculan los objetivos de ventas.

Las ventas son los ingresos que las empresas suelen tener como consecuencia de su actividad ordinaria, es decir todos los negocios del mundo sean pequeños emprendimientos o la multinacional más grande que podamos imaginar se planificarán, en primer lugar, de acuerdo con sus previsiones de ingresos. Las ventas, por lo tanto, serán como la respiración de cualquier ser vivo y en concreto, de los seres humanos; podemos estar sin respirar unos pocos instantes, quizás hasta algún minuto y si se es parte de algún espectáculo televisivo hasta tres o cuatro minutos, aun a riesgos de sufrir algún daño, pero nunca mucho más, lo cual quiere decir que las personas debemos respirar constantemente, prácticamente sin parar de hacerlo. Pues bien, lo mismo ocurre con las ventas que son como el aire y el oxígeno que necesitamos para vivir. Una empresa podrá no vender durante algún corto periodo de tiempo, pero no puede dejar de hacerlo durante un periodo prolongado, sobre todo si no hay una estacionalidad muy alta, particularidad que no siempre es deseada. Lo ideal sería que las empresas tuvieran sus ingresos más o menos constantes, sin grandes variaciones en el tiempo. Esto, siempre será bueno desde el punto de vista de la estabilidad financiera de la empresa.

Los ingresos, por tanto, son la fuente de los recursos que una empresa debe tener para afrontar todos sus compromisos: sueldos, materias primas, compras de ordenadores, alquileres de oficinas, inversiones, y cualquier otro gasto y coste al que haya que responder. Como bien sabemos, los ingresos son el primer concepto que aparece en la Cuenta de Resultados, y a partir de ello, todo lo demás *viene a restar*. Esto querrá decir que a partir de la estimación de los ingresos que la empresa haya realizado también se podrá planificar todo aquello que la empresa debe prever y gestionar. No se trata de argumentar o convencernos que las ventas son lo más importante de una empresa o un negocio, pero es compresible admitir la importancia que tiene, primero: realizar **una buena previsión de los ingresos** y, segundo, que los ingresos que finalmente **se obtengan sean los que se habían planificado o previsto.**

Una de las responsabilidades más importantes de la planificación comercial, y por consiguiente de la dirección comercial, será calcular y proponer los objetivos de ingresos obtenidos vía ventas; la materia-

lización de la actividad comercial e imprescindible para la sostenibilidad y viabilidad del negocio.

Por ello, la previsión de los ingresos deberá tener presente las necesidades financieras de la empresa. El margen bruto, el EBITDA,
hasta el beneficio, son parte de los parámetros financieros que se
transmitirán a la planificación comercial para que sean la base de la
primera estimación de las ventas, pero no definitiva, puesto que en
este proceso de planificación comercial deberán tenerse en cuenta
los aspectos que dependen del entorno en general, del mercado y los
competidores.

Los objetivos financieros, por lo tanto, deberán ser parte de la
base de la planificación comercial, sin que ello signifique necesariamente la única condición a tener en cuenta, puesto que además de
la necesidad financiera, se deberá tener en cuenta la realidad del entorno y todo aquello que puede influir en la evolución de las ventas.
Estas o el volumen de negocio de una empresa no es nunca el *querer
conseguirlo* sino el *poder conseguirlo*.

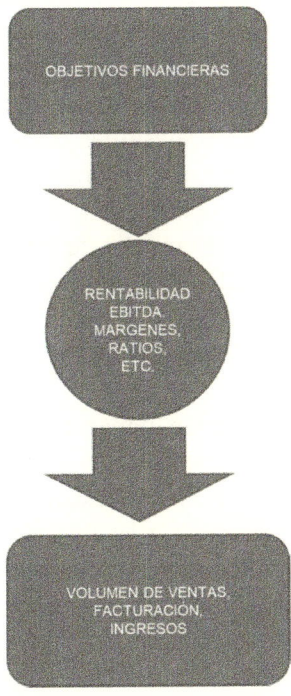

Figura 2.1. Objetivos financieros y previsión comercial
Fuente: Elaboración propia

Los ingresos (o ventas o el volumen del negocio) serán siempre el indicador principal del éxito o no de una empresa. Si se hubiera dicho *"éxito o fracaso"*, en cierta forma se estaría admitiendo que las empresas hacen bien o mal las cosas. Es cierto, que no todas las empresas ni son excelentes y sus modelos de gestión no son infalibles, ni tampoco significa que haya empresas que nunca toman malas decisiones, ni se puedan equivocar. Esto último no es cierto, desde luego; las empresas se equivocan, y lo hacen con mucha más frecuencia de lo que lo deberían hacer.

Los resultados y los ingresos que se obtienen en ciertas ocasiones son independientes del desempeño de sus directivos y de las decisiones que estos hayan tomado y terminan siendo el resultado, también de las circunstancias y de la realidad de sus entornos. Por ello, será fundamental que el proceso de planificación incluya el análisis de todo aquello que puede influir en el comportamiento de las ventas.

Cuando se hace referencia a la influencia del entorno, fundamentalmente nos estaremos refiriendo a las condiciones del mercado y a la capacidad de los competidores; estos son los dos principales factores que pueden alterar las previsiones comerciales de la empresa. Las condiciones del mercado son favorables para el cálculo de los ingresos previsibles cuando se detecta, por ejemplo, que dicho mercado está crecimiento, que el tamaño de este mercado es grande y el número de potenciales clientes es elevado o que alguna circunstancia externa, bien política, social, tecnológica, etc. es favorable al consumo y la adquisición de los productos o servicios cuya venta se están planificando.

Igualmente, también pueden haber circunstancias internas de las empresas que pueden influir favorable o desfavorablemente en la planificación de los ingresos. En este caso, los objetivos financieros que se hayan podido transmitir a la dirección comercial deberían tener en cuenta estos condicionantes, pues es también parte del análisis que desde lo financiero hay que hacer, pero pudiera ser que si este análisis no se hubiera realizado o la interpretación no fuera la misma, las diferencias detectadas deben ser planteadas hasta que haya una plena coincidencia en el análisis interno de la empresa, tanto de sus fortalezas, que ayudaran a conseguir los mejores resultados de ingresos, como de las debilidades que supongan alguna dificultad para el objetivo planteado.

Para realizar este tipo de análisis se disponen de herramientas y modelos que son utilizan de manera generalizada, también de análisis estratégico para las empresas. Dos de estas herramientas, las cuales están especialmente indicadas para la misión de la planificación comercial que tiene como objetivo aportar los datos y la información sobre el entorno de la empresa a fin de que se pueda establecer un contexto coherente entre el objetivo y la previsión con la realidad del mercado y su potencial. Estas herramientas son **el análisis PESTEL y el análisis DAFO1:**

- **Análisis PESTEL**

El PESTEL es una herramienta de análisis que se enfoca en diferentes aspectos macroeconómicos que pueden influir en el comportamiento del mercado. Cada una de las letras de su acrónimo corresponde con la variable que pretende valorar: P, de entorno POLÍTICO; E, de entorno ECONÓMICO; S, de entono SOCIAL; T, de entorno TECNOLÓGICO; la segunda E está relacionada con el ENTORNO AMBIENTAL ("ENVIRONMENT", en inglés); y finalmente, L de LEGISLACIÓN.

- **Análisis DAFO**

El DAFO es el instrumento que se suele emplear para la redacción de propuestas estratégicas y cuyo objetivo es realizar el listado tanto de las fortalezas y debilidades que la empresa tiene, como en las amenazas y oportunidades que el entorno ofrece a la empresa.

Veamos el siguiente gráfico:

---

[1] DAFO o también conocido como FODA o en inglés SWOT

Figura 2.2. Análisis Estratégico DAFO
Fuente: Elaboración propia

MODELOS DE CÁLCULO

Tras el análisis de las variables del entorno externas, el proceso de planificación debe continuar con el cálculo de los objetivos, o el volumen de negocio, que la empresa debe alcanzar. Con el estudio del entorno y la observación de los comportamientos del mercado se estará en disposición de realizar el cálculo de la previsión de las ventas. Esta previsión de las ventas se corresponderá con un desglose de todas las unidades de cada uno de los productos y/o servicios que la empresa se disponga a vender. Esta previsión se realizará conforme a algún modelo que permita el cálculo de este volumen.

Por otra parte, los departamentos de planificación y de estudios de las empresas elaboran modelos en los que basar la posible decisión sobre los objetivos, de acuerdo con el análisis del entorno y a

40

las estimaciones de crecimiento que derivan de este análisis: lineal, exponencial o simplemente asignando alguna cifra de crecimiento consensuada por la dirección de la empresa.

Pero no siempre los objetivos de ingresos son más elevados que los ingresos del año anterior. Es posible que del resultado del análisis del entono se deduzcan incertidumbres que aconsejen no plantear crecimientos y estos objetivos finalmente puedan ser calculados **por el promedio de las ventas de los últimos años**, por ejemplo. Este suele ser el caso de los mercados maduros o con muy poco crecimiento, de hecho, la asignación de los objetivos está muy relacionada con la fase del ciclo de vida del producto, el cual normalmente tiene cuatro fases: **introducción (lanzamiento), crecimiento, madurez y declive**.

Este ciclo de vida será determinante para el cálculo de estos objetivos, tanto para las ventas como para el cálculo de los costes de comercialización (los cuales se abordarán en capítulos venideros). Tal y como se muestra en la figura siguiente estas fases serán para cada uno de los productos que la empresa comercialice por lo que será necesario también determinar para cada uno de los productos la fase en la que se encuentra. El resultado de este análisis podría ser el siguiente:

- Producto A: en fase de lanzamiento o introducción;
- Producto B: en fase crecimiento;
- Producto C: en fase de madurez, y;
- Producto D: en fase de declive.

Señálese también que los ciclos de los productos de una empresa, aunque sean similares y el mercado pueda tener una percepción parecida de ellos, sus periodos de tiempos de cada una de las fases no tiempo por qué ser iguales. Puede haber productos cuyo ciclo de vida sea muy corto como por ejemplo hoy en día son todos aquellos que están relacionados con la electrónica y la capacidad de los microchips cuya capacidad crece exponencialmente cada seis meses y esto hace que su obsolescencia llegue muy rápidamente, o puede haber productos cuya madurez se prolonga durante años, puede que su crecimiento no haya sido muy rápido y sin embargo, la estabilidad de sus ventas será prolongada, como por ejemplo las lámparas LED.

Por lo tanto, el análisis de la siguiente curva será determinante para el cálculo de los objetivos referencia a referencia:

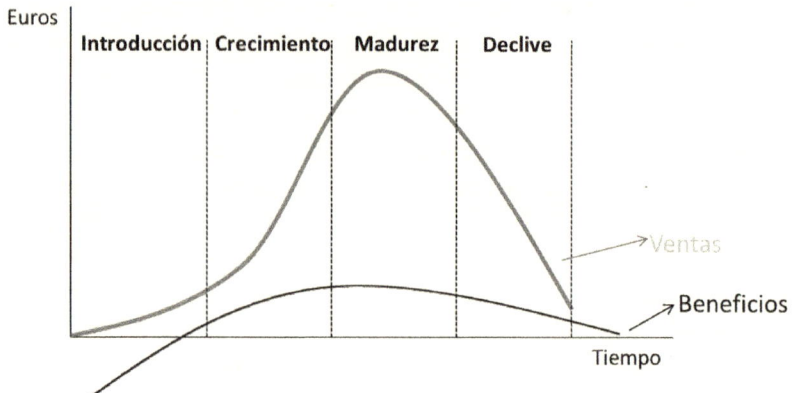

Figura 2.3. Ciclo de vida de un producto
Fuente: Elaboración propia

Como se viene explicando, por tanto, la estimación de los ingresos es una tarea compleja en la que intervienen muchos aspectos, que en general deben ser consensuados y deberían facilitar una decisión aceptada por todas las partes de la empresa: la comercial pues es la que debe asumir el reto de alcanzar dichas ventas; la financiera pues esta cifra deberá ser la garantía de alcanzar los resultados pedidos a la empresa; la operativa (producción, logística, etc.) pues debe adecuar la capacidad de producción a tales objetivos, y antes de todos ellos, por la propia dirección o gerencia general que dará por buenos y por necesarios dichos objetivos.

En resumen, se puede decir que en la elaboración de los objetivos y previsión de los ingresos de la compañía intervienen diferentes aspectos como son:

- Los aspectos subjetivos de la propia empresa, estimaciones realizadas por el propio equipo comercial y la fuerza de ventas que dan su opinión de acuerdo con la prospección realizada sobre el terreno.
- Los estudios de mercado realizados por institutos y empresas especializadas en investigación, en los cuales se pregunta por la opinión del producto, por el grado de aceptación, por los atributos y por la intención de compra que los clientes manifiestan hacia los productos de la empresa A frente a sus preferencias respecto a los productos de la empresa B.

- El seguimiento del mercado, las noticias acerca del sector y de su evolución, que son datos que la empresa también puede manejar para prever sus ventas a través de los cuales se determinan las tendencias.
- El estudio de las series temporales de los últimos períodos de venta permite extraer tendencias, variaciones estacionales y cíclicas, factores de corrección sobre estimaciones anteriores, etc. En función de cómo sean estos sectores se determinará la necesidad de estudiar periodos más cortos o largos en el tiempo.

En definitiva, el departamento de planificación y su dirección de ventas o comercial son quienes al final deben proponer esta cifra de ingresos la cual trasladan a toda la compañía una vez que la dirección general y los administradores o propiedad de la empresa los aprueba, y de manera especial, a todo el equipo de ventas y de gestión de clientes quienes deberán operar para conseguirlo.

PERIODIFICACIÓN DE LOS INGRESOS

Una vez que los objetivos de los ingresos se hayan podido estimar para un ejercicio y de acuerdo con las necesidades financieras de la compañía, el siguiente paso será la asignación en el tiempo de dicha previsión teniendo en cuenta que las ventas de ninguna empresa se distribuyen regularmente en el tiempo, es decir si una empresa estima vender 365.000 euros difícilmente sus ventas diarias serán de 1.000 euros. A partir de esta realidad, que sus ventas, no se reparten regularmente en el tiempo, la planificación debe periodificar y es aquí donde se ha de aplicar el **concepto de estacionalidad.**

La estacionalidad comercial o de las ventas es el concepto que se utiliza para describir el comportamiento desigual de las ventas a lo largo del año debido a las variaciones de demanda que sobre un determinado producto ocurre. Esto es lo que ocurre con productos que están muy asociados a épocas cuyo consumo es típico, como por ejemplo los productos de Navidad cuyo consumo solo se produce en estas fechas: dulces y turrones, por ejemplo, y otros productos aumentan sus ventas por la costumbre que supone el utilizarlos como regalos: juguetes, perfumes y colonias.

Esta estacionalidad y la necesidad también de proporcionar unas referencias claras en el corto plazo a los equipos de ventas, hace que la planificación de los ingresos se deba realizar periodificando o repartiendo en el tiempo la previsión de las ventas, de manera que se asuma y se conozca en toda la empresa el comportamiento de las ventas que puede ser diferente en los cuatro trimestres del año, en los doce meses o en cualquiera de las semanas del año. Esta periodificación o reparto de los objetivos de acuerdo con la demanda esperada a lo largo del tiempo también será una clave en el desempeño comercial y en el éxito de su planificación.

Conclusiones

El objetivo de este capítulo es mostrar desde el punto de vista de la planificación comercial la importancia que tienen los factores externos, sobre todo, a la hora de planificar comercialmente una empresa. Igualmente, los factores internos, los cuales pueden ser estudiados por medio de la herramienta DAFO, también deberían ser tenidos en cuenta para una primera estimación comercial. Estos factores internos no deberían ser tan determinantes a la hora de corregir cualquier demanda vista desde la parte financiera ya que ambas previsiones, comercial y financiera, deberían llegar a conclusiones y escenarios muy parecidos si han utilizada esta herramienta del análisis estratégico (DAFO). Por lo tanto, aprovechamos estas conclusiones para seguir señalando la conexión que debe haber siempre entre *"lo financiero y lo comercial"*, *ambos deben ser vistas como madera de un mismo árbol,* el tronco que hace crecer a la empresa, luego en ningún caso serán áreas que se contrapesan, sino que colaboran para planificar lo mejor posible los objetivos de una empresa. Por último, recordemos siempre la importancia que el análisis tiene en todo proceso de planificación y, sobre todo a la hora de realizar las previsiones de resultados, para lo cual se debe contar tanto con herramientas formales, como con otros procedimientos más informales, como es la información que proporciona el equipo comercial quien, desde un contacto directo con el mercado, tiene la capacidad de transmitir la realidad.

Los Ingresos Comerciales representan la sostenibilidad y rentabilidad de la empresa. El área de Planificación Comercial tendrá la tarea de establecer el volumen de ventas, unidades, facturación, etc. que hay que alcanzar.

Primera Pregunta
¿CUÁNTO DEBE VENDER UNA EMPRESA?

Segundas Preguntas
¿QUIÉN, CÓMO Y CUANDO SE DETERMINA LOS OBJETIVOS DE VENTA DE UNA EMPRESA?

- A partir de las necesidades financieras de la empresa y sus principales parámetros de rentabilidad y gestión: MARGEN, EBITDA, BENEFICIO.

- Posibilidades de mercado: fases de crecimiento, maduración o decrecimiento.

- Posibilidades operativas de la empresa: dimensionamiento de las fuerzas de ventas y de los equipos comerciales.

APLICACIÓN PRÁCTICA DEL PASO 2

El fabricante de ordenadores y material informático Epsylom tuvo en el año 2017 unos ingresos de 3.257.909 euros, según su balance consolidado y las cuentas depositadas. Dichos ingresos corresponden al ejercicio 2017, desde enero hasta diciembre de 2017. La información facilitada por la empresa y puesta a nuestra disposición también divide estos ingresos tanto por productos como canales de venta y por delegaciones.

La tipología de los productos que la empresa ha tenido en cuenta para su planificación comercial ha sido por una parte ordenadores y portátiles y por otra el material informático accesorio, que de acuerdo con los criterios establecidos por los diferentes departamentos de la empresa: operaciones y fabricación, importación y/o internacionalización, logística, finanzas y ventas el criterio es utilizar tres niveles de acuerdo con el valor de venta por unidad.

A partir de los ingresos citados, la división de éstos por productos sería la siguiente:

		AÑO 2017
Ordenadores	De mesa	1.075.109,97 €
	Portátiles	553.844,53 €
Accesorios	De tipo A	325.790,90 €
	De tipo B	488.686,35 €
	De tipo C	814.477,25 €
		3.257.909,00 €

Tabla 2.1.

Igualmente, la empresa dispone de información sobre sus ingresos según sus canales de distribución o formas de venta: canal directo, canal indirecto y el canal digital.

46

Canales de Venta	AÑO 2017
Canal Directo	716.739,98 €
Canal Indirecto	2.117.640,85 €
Canal Digital	423.528,17 €
	3.257.909,00 €

Tabla 2.2.

Para formular la estimación de los ingresos del 2018 también se dispone de información sobre las ventas que Epsylom tuvo por zona o delegación (Bilbao, Madrid, Sevilla y Valencia como central, más el volumen de negocio de la oficina internacional). En el reparto por zonas de estas ventas no se han tenido en cuenta los datos del canal digital, si bien el departamento de Marketing está trabajando para que los datos de las ventas también puedan ser asignados por territorios.

		AÑO 2017
Territorio:	Bilbao	340.125,70 €
Territorio:	Madrid	1.048.720,91 €
Territorio:	Sevilla	453.500,93 €
Central	Valencia	595.219,97 €
Internacional	París	396.813,32 €

Tabla 2.3.

Otra información disponible, considerada muy importante para la planificación comercial, es la periodificación de los ingresos realizada de forma trimestral. En esta periodificación trimestral se observa que el cuarto trimestre es el más importante a nivel de ventas por el "efecto campaña de Navidad", seguido por el segundo trimestre, muy vinculado a las "rebajas de verano" que siempre tienen un impacto muy favorable en el volumen de ventas y la cifra de ingresos.

Periodificación Resultados	AÑO 2017
Primer Trimestre	553.844,53 €
Segundo Trimestre	912.214,52 €
Tercer Trimestre	651.581,80 €
Cuarto Trimestre	1.140.268,15 €
	3.257.909,00 €

Tabla 2.4.

A partir de estos resultados y dada la marcha de las ventas en el año 2018 a la fecha de la redacción de este informe: se ha cubierto un 10% de los objetivos anuales en la mitad del primer trimestre, lo que supondría un 17% más sobre un escenario similar al del año pasado, y también considerando que los objetivos corporativos se han fijados con un incremento de los ingresos entre el 18% y el 23%, por lo que la estimación de ingresos para el 2018 quedaría fijada en un incremento del 20%, teniendo en cuenta que:

1. Los objetivos corporativos, fijados entre un 18% y un 22%;
2. Las buenas perspectivas del mercado y del sector, de acuerdo con el análisis DAFO realizado;
3. Los planes de expansión y de gasto en acciones de marketing (publicidad, redes sociales, patrocinios, etc.);
4. El lanzamiento de nuevos accesorios y la nueva serie de ordenadores portátiles y de mesa para el tercer trimestre que la marca lanzará.

Igualmente, el resultado del análisis realizado con las herramientas PESTEL y DAFO ha reflejado las buenas perspectivas del sector y del mercado propiciado por el apoyo que las administraciones públicas darán a la digitalización de las empresas y a los estudiantes de grados universitarios que recibirán cheques para adquirir equipos.

Sin embargo, por otra parte, se tendrán en cuenta dos aspectos que incidirán negativamente en la evolución de los ingresos en 2018, y que son:

1. La contención de los precios debido a la competencia con otras marcas de similar gama (gama media, media-baja), conclusión que se ha sacado también a partir del DAFO, y;
2. La rápida obsolescencia de algunos de los productos que dificulta su venta y obliga a reducciones de precios, incluso por debajo de su coste.

En cualquier caso, la planificación de los ingresos contempla un crecimiento que esperamos se pueda mantener en los tres próximos años con ritmos similares al del 2018 con respecto del 2017.

Este incremento del 20% supone que los ingresos para el 2018 deberían ser 3.909.490,08 euros, cantidad que se podría redondear a 3.910.000 euros como **cifra final objetiva.**

Con relación a la evolución de los ingresos de acuerdo con la carta de productos se ha estimado que en la cesta de los ingresos los portátiles experimentarán un crecimiento al igual que los accesorios tipo C, incrementos que compensarán los descensos de productos como los ordenadores de mesa y los accesorios tipo B, mientras que los accesorios tipo A seguirán siendo el 10% de los ingresos:

		AÑO 2018
Ordenadores	De mesa	1.173.000,00 €
	Portátiles	860.200,00 €
Accesorios	De tipo A	391.000,00 €
	De tipo B	430.100,00 €
	De tipo C	1.055.700,00 €
		3.910.000,00 €

Tabla 2.5.

En cuanto a la distribución de los ingresos según los canales de venta, se realiza una planificación teniendo en cuenta que el canal digital, la venta a través de la página web y Amazon alcanzarán el 25% de la facturación, mientras que porcentualmente el peso de los otros dos canales descenderá, sin embargo, el volumen de ventas en el canal indirecto se incrementaría, aunque su peso sea menor. El canal indirecto experimentará un incremento del 10% en sus ingresos.

Canales de Venta	AÑO 2018
Canal Directo	586.500,00 €
Canal Indirecto	2.346.000,00 €
Canal Digital	977.500,00 €
	3.910.000,00 €

Tabla 2.6.

En cuanto a la planificación territorial de los ingresos se prevé que el efecto del canal digital, en general, afecte al desarrollo de las delegaciones. En este sentido, solo la delegación de Madrid y la internacional, con sede en París, serían las que finalmente tuvieran un incremento en sus cifras de negocios: Madrid, pues se considera que, como capital de España se ve beneficiada por la actividad económica y la compañía apuesta por el crecimiento de la delegación, al igual que la delegación internacional, la otra demarcación territorial a la cual se enfoca la empresa. La delegación de Bilbao sería la que tendrá una reducción más sensible en sus resultados.

Ingresos por Delegaciones		AÑO 2018
Territorio:	Bilbao	293.250,00 €
Territorio:	Madrid	1.173.000,00 €
Territorio:	Sevilla	439.875,00 €
Central	Valencia	586.500,00 €
Internacional	París	439.875,00 €
		2.932.500,00 €

Tabla 2.7.

La periodificación de los ingresos en 2018 se realiza por meses, a partir de los resultados trimestrales, teniendo en cuenta los históricos de la compañía, pero también rectificando de acuerdo con los intereses corporativos y una visión global del negocio. Los resultados del segundo cuatrimestre siempre han sido muy positivos con relación a los resultados del primer trimestre, pero ello se ha debido siempre a una agresiva política de precios y promociones, renovación de stocks, que obligaba a la empresa a saldar gran parte de modelos ya renovados y mejorados.

La nueva política de producción y de I+D permitirá a Epsylom optimizar la producción y ajustarla a los periodos de mayor y menor demanda. En este sentido la empresa se ha propuesto concentrar un 65% de sus ventas entre los meses de septiembre y diciembre (4 meses), lo cual supone algún riesgo de liquidez a lo largo del año hasta estas fechas de mayor actividad comercial, pero por otra parte permite vender a unos precios mayores por esta mayor demanda.

Periodificación Objetivos	AÑO 2018
enero	312.800,00 €
febrero	234.600,00 €
marzo	234.600,00 €
abril	195.500,00 €
mayo	195.500,00 €
junio	195.500,00 €
julio	273.700,00 €
agosto	117.300,00 €
septiembre	391.000,00 €
octubre	469.200,00 €
noviembre	586.500,00 €
diciembre	703.800,00 €

Tabla 2.8.

Realizada la planificación de ingresos para este año 2018, el departamento comercial prevé una tendencia al alza en los resultados comerciales siempre que se mantengan las líneas trazadas en el plan estratégico: crecimiento constante de los ingresos, mantenimiento de los gastos comerciales y de expansión tanto en el canal digital como en la delegación internacional. Por todo ello, se prevé que los ingresos en el año 2019 pueden ser superiores a los 4,7 millones de euros y en 2020 y en 2021 se puedan aproximas a los 5,5 millones de euros.

Por tanto, los objetivos de ventas y facturación que la dirección comercial plantea tanto para el año en curso, 2018, como para el año siguiente, 2019, serían las siguientes cifras, teniendo en cuenta un incremento del 20% para cada uno de los ejercicios:

Año en curso, 2018: 3.900.000 euros (+20%)
Previsiones año 2019: 4.680.000 euros (+20%)

Conclusiones

El objetivo de este segundo entregable y capítulo del proyecto que se está realizando es la previsión de objetivos e ingresos de la compañía a partir de la desagregación de las diferentes líneas de negocio y para el año siguiente del ejercicio en curso. El presente ejercicio muestra como a partir de la información cuantitativa (la marcha de los resultados) y un análisis de la información y de los datos sobre el entorno con herramientas como el DAFO y el PESTLE, se incorpora al cálculo también cuantitativo de los objetivos y de los ingresos.

Como se concluye en la muestra tras el desarrollo de la entrega, el resultado de las previsiones realizadas son una estimación en números redondos de los posibles resultados a obtener, también de acuerdo con las percepciones del equipo comercial y de quienes tienen la capacidad de análisis de las condiciones del mercado.

Objetivo y Alcance de la fase de análisis de la situación.

Combinando rigor y humor, esta guía práctica, ya en su 3ª edición, es una herramienta que ayuda a los directores comerciales y jefes de ventas en su actividad principal, la planificación de las ventas y su ejecución. Ayudándose de múltiples citas de diferentes autores de todos los tiempos, han demostrado que, para realizar un plan de ventas, hay que tener, además de una alta capacidad de planificación, análisis y establecimiento de objetivos, habilidades de comunicación y visión estratégica para implementarlo en las empresas.

Referencia bibliográfica
Fernández-Balaguer, G., & Molina, J. (2008). El plan de ventas. ESIC Editorial.

Modelo de estimación de ingresos en empresas de Internet

Este trabajo establece una metodología de estimación de ingresos para empresas del sector de Internet, con el propósito de llevar a cabo posteriormente una valoración de estas. En este trabajo se aplica el modelo al caso de la empresa Amazon.com, por ser una de las empresas más representativas de este sector. Una de las conclusiones que se puede extraer, por tanto, de este trabajo es que hay una relación entre el valor de un negocio y sus ingresos.

Referencia bibliográfica
Conde, A. A., & Suárez, J. R. (2005). Modelos de estimación de ingresos en empresas de internet. Investigaciones Europeas de Dirección y Economía de la Empresa, 11(2), 27-43.

Mercados en crecimiento y mercados maduros

¿Cómo reaccionamos o cómo gestionamos cada una de las etapas es el contenido de la siguiente lectura? La labor de la dirección de ventas cambiará en la medida en que el mercado lo hace y sus circunstancias. Los comportamientos de la empresa ante el mercado son muy dispares. Este artículo, basado en las curvas de mercado, acerca al lector a la realidad del día ante estos comportamientos.

Referencia bibliográfica
Matarranz J.L. (2004). Mercados en Crecimiento. España: Clase-Ejecutiva S.L.

Cinco reglas imprescindibles en la predicción para maximizar el valor de los clientes

La nueva "economía de los clientes" ha traído consigo una nueva orientación de las políticas y estrategias comerciales de las empresas, que estarán basadas en atraer a los clientes más rentables a la empresa. Este artículo presenta cinco reglas que las empresas podrán seguir para maximizar el resultado de sus clientes: 1) la utilización de perfiles predictivos; 2) predecir la mejor forma para ganarse a los clientes; 3) predecir la mejor forma para aumentar las relaciones con los clientes; 4) predecir la mejor manera de mantener a los clientes durante más tiempo; y 5) utilizar la inteligencia predictiva en cada contacto con los clientes.

Referencia bibliográfica
IBM Software - Business Analytics (s.f.): recuperado de: https://es.scribd.com/document/431887468/Cinco-reglas-imprescindibles-en-la-prediccio-n-para-maximizar-el-valor-de-los-clientes-pdf

CAPÍTULO III. TERCER PASO
LOS COSTES Y GASTOS COMERCIALES

Introducción

¿Cuánto cuesta vender? Con esta pregunta introducimos el tema de este capítulo dedicado a los costes y los gastos comerciales, cuya diferencia también se describe a lo largo de este capítulo. Los costes, asociados a los productos que una empresa vende y los gastos, asociados a los recursos que cualquier empresa debe emplear para vender, actúan como las palancas que impulsarán el resultado de la empresa, bien porque se destinarán a mejorar las prestaciones del producto que se comercializa, bien porque como recursos que se ponen a disposición, sirven para incentivar la venta.

A lo largo de este capítulo también se irá haciendo la descripción de cómo hay que dimensionar y controlar las variables mencionadas teniendo en cuenta que estos costes y gastos son lo que juntos restan de los ingresos y darán como resultado el margen bruto o comercial, valor por el cual se tienen que guiar muchas decisiones comerciales.

Palabras clave

Gasto comercial, Coste Comercial, Margen Bruto, Margen Comercial, Retorno Comercial, Inversión.

Reto

A través del contenido de este capítulo estaremos en disposición de responder a cuestiones relacionadas con la importancia de estos conceptos: ¿qué representan? ¿por qué deben controlarse los gastos y los costes comerciales? ¿de qué dependen y cómo influyen en el resultado de la empresa?

Definición y diferencias entre costes y gastos comerciales

Todas las actividades, todas las cosas que se pretenden hacer en la vida requieren de recursos, esto es indudable y debe estar en la mente de cualquier persona, y mucho más si es un gestor. Esto significa que cualquier proyecto, cualquier idea que se tenga o cualquier iniciativa que se quiera poner en marcha requerirá de ciertos recursos. Incluso el Evangelio de San Lucas 14:28 hace mención a esta idea: *"Porque, ¿quién de vosotros, deseando edificar una torre, no se sienta primero y calcula el costo, para ver si tiene lo suficiente para terminarla?".*

En nuestro caso, antes de referirnos a los resultados finales, vayamos al principio. La puesta en marcha de cualquier negocio o emprendimiento, por pequeño que sea, deberá realizar una primera estimación de sus costes que le permita iniciar sus actividades, y entre ellos estarán los propios que permitirán fabricar o crear los primeros productos y servicios. Pero, además, de estos también deberán preverse algunas otras cargas que faciliten el acceso a los potenciales clientes. Esta es una realidad que se puede resumir en una frase tópica, también: *"vender también cuesta"*, no sólo por el esfuerzo, dedicación y empeño de quienes lo tienen que realizar, sino porque hay costes y gastos tangibles.

Los costes comerciales

Los costes comerciales son el concepto que corresponde a la generación (producción, fabricación, diseño, etc.) de lo que es *vendido* y ¿cómo se puede identificar, es fácil hacerlo? Pensemos pues en algo vendible, bien sea un producto o un servicio, por ejemplo. Empecemos pensando en algo tan tangible como pueda ser un par de zapatos que se fabrican en cualquier taller o fábrica; pues bien, el coste comercial de este par de zapatos que se venderá por 80 € serán todos los costes que se hayan tenido hasta lograr que los dos zapatos sean una realidad. Para la fabricación de los zapatos habrá sido necesario adquirir una materia prima (piel y cuero, fundamentalmente) y la mano de obra de los expertos en la fabricación de calzado, quien con la ayuda de las máquinas o artesanalmente habrán ido cosiendo las piezas. En el caso de coser los zapatos con máquinas habrá sido necesario adquirirlas y por lo tanto amortizarlas, a la igual que la propia fábrica o los insumos que la fábrica requiera para su funcionamiento, y es aquí donde surge una primera cuestión interesante: ¿cuánto de esa máquina forma parte del coste de fabricación de estos zapatos, o cuánta de la iluminación y del agua que se consume en la fábrica son parte del coste de estos zapatos?

La respuesta a estas cuestiones nos lleva a concluir que costes comerciales serán sólo aquello que de una forma fácil y razonable se puede asignar a la elaboración del producto. Es decir, será la cantidad de piel que se emplea y que más o menos estará dimensionada a través del diseño de los zapatos o el tiempo que emplea el artesano en coser y darle forma definitiva. Sin embargo, será bastante más complicado lo segundo pues este reparto de los costes de la máquina con sus tiempos de actividad o sus paradas no se pueden asignar tan fácilmente a las piezas que se están fabricando. Y si esto es así con las máquinas, qué se podría decir con los insumos de la fábrica, en los que incluso la asignación directa dependería probablemente de una tarifa variable para cada momento.

Por lo tanto, y en base también a los principios básicos de la contabilidad de costes, los costes comerciales serán los que tengan una asignación unívoca para la fabricación del producto y la generación del servicio, que es lo mismo que decir que son los costes directos necesarios para la generación de aquello que se vende.

Esto mismo también será de aplicación cuando lo vendido y por lo tanto, lo contratado por un cliente pueda imputarse, por ejemplo, al tiempo. Esto es lo que ocurre con las horas de asesorías o de consultoría, o las horas que un servicio de catering está presente en un evento, cuyo coste directo serían todo lo servido (bebidas y canapés) más las horas de servicio de todos los camareros que lo atienden.

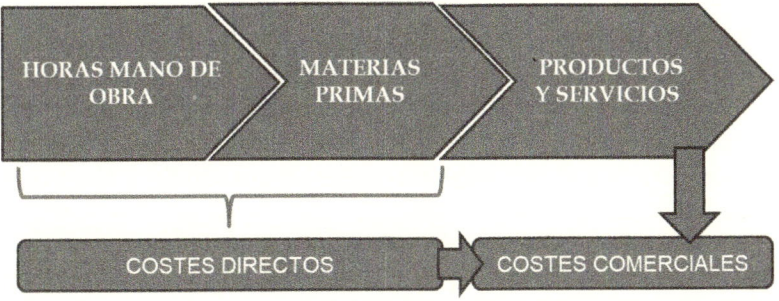

Figura 3.1. Representación de los costes comerciales
Fuente: Elaboración propia

Esta idea nos lleva a afirmar sin ningún género de dudas que cualquier venta tiene asociado algún tipo de coste comercial, pues *"nadie vende nada"* lógicamente. Cualquier producto o servicio susceptible de ser comercializado y por lo tanto adquirido por un tercero lleva consigo este coste de fabricación o coste comercial.

Por tanto, también, será importante su control y planificación en todo momento, sobre todo, teniendo en cuenta que en ocasiones el precio deberá ser una consecuencia de los costes comerciales del producto, y es obvio que dicho valor no podría ser inferior a la suma de todos los costes comerciales.

LOS GASTOS COMERCIALES

Por otro lado, e igualmente a los costes comerciales, los gastos también merecen atención y una descripción detallada. Prácticamente, cualquier escenario y circunstancia comercial requiere de ciertos apoyos o palancas que impulsen la acción comercial. El Plan de Marketing de todas las empresas que lo tienen en su parte más operativa incluye las acciones o estrategias de marketing cuyo objetivo son impulsar toda la acción comercial, que como se viene señalando, tiene que ver con la venta y la comercialización de los productos que la empresa pone en el mercado.

Estas acciones que se recogen en el Plan de Marketing son cuestiones de sobra conocidas por parte de todos, como son la publicidad, la elección de los canales de distribución, la decisión sobre el precio o la propia presentación de los productos[2]. Como es fácil suponer, cualquiera de estas cuestiones llevarán asociadas a sus ejecuciones ciertos desembolsos o gastos. En el caso de la publicidad, el desarrollo del producto o la distribución serán desembolsos que la empresa tendrá que realizar incluso por adelantado, antes de iniciar la campaña de venta. En el caso de la publicidad, las empresas deberán contratar agencias que proponen y desarrollan los mensajes necesarios para dar a conocer el producto. Otro tanto pasa con la distribución o el *"producto"*, que supondrán decisiones también vinculadas

---

[2] A este conjunto de variables o decisiones se le conocen por el término marketing mix o modelo de la 4 P´s: precio, publicidad, producto y "place" (lugar de distribución o venta) y durante mucho tiempo se ha considerado con el modelo más comprensible a la hora de desarrollar toda la función del marketing de una empresa.

a gastos de la empresa, bien por el pago o la remuneración a quien participa de la venta a través de sus canales de distribución o en el caso del producto, también con alguna decisión que en algún caso pueda llevar consigo algún otro coste. Sólo el precio, en sí podría ser entendido de manera diferente, pues las decisiones y acciones que sobre el se podrían tomar, pueden que no supongan un desembolso previo sino un menos ingreso futuro, pero también puede ocurrir que esta acción sobre el precio puede llegar vía el adelanto que un distribuidor puede recibir para vender el producto a un precio inferior al inicialmente puesto.

Por tanto, **los gastos comerciales son los recursos que se emplean para apoyar la comercialización de un producto o un servicio** y cuyo fin, exclusivamente, es la venta.

Sin embargo, los gastos comerciales pueden ir más allá de estas decisiones vinculadas a las 4P's del marketing, y de hecho, gasto comercial puede ser todo aquello que de manera puntual, también pueda tener influencia y ayude a la venta o sea necesario, imprescindible, para que la venta se pueda producir. Estos serían algunos de los ejemplos que se pueden poner que ayudaran a comprender mejor el concepto de gasto comercial:

- **Gastos directos asociados a la venta**: son aquellos que la empresa lleva a cabo para comercializar y vender, sin otro fin que este. Ese es el caso, por ejemplo, de una plataforma de televenta cuya misión solo es la de traducir sus llamadas en ventas, atendiendo o convenciendo a clientes que reciben o llaman al número. El coste de dicha plataforma se podría considerar exclusivamente como un gasto comercial pues no hay otros objetivos diferentes a los de la venta. Sin embargo, no pasa lo mismo o no lo entendemos de la misma forma cuando hablamos de ejecutivos de ventas o del salario del director comercial. En cierta forma, es cierto que la misión tiene que ver mucho con la venta, pero téngase en cuenta que, en el caso del director, éste también deberá atender otras cuestiones a parte de su labor cien por cien comercial (reuniones de direcciones, reportes, presentaciones, etc…), al igual que puede pasar con el equipo de vendedores cuya dedicación no pasa por una dedicación exclusiva a la venta (cursos de formación, evaluaciones, etc.).

- **Gastos directos asociados a la distribución**: De alguna forma también al igual que los gastos referidos en el anterior punto, nos estamos refiriendo a unas cargas económicas cuyo fin son también maximizar las ventas y conseguir que la empresa obtenga los mejores ingresos posibles. En todos los casos, la **distribución lleva consigo gastos,** bien sea por la remuneración que recibe el distribuidor, o bien sea por la logística que requiere la entrega del producto en el lugar que el cliente ha elegido; como en el caso de las compras que se producen por Internet.

En cualquier caso, siempre que hay una referencia a un gasto comercial (que no coste, como ya se ha explicado en el punto anterior) es debido a una necesidad directamente asociada al plan de marketing o comercial que la empresa tiene con el fin de potenciar sus ventas. Los gastos comerciales son las palancas que comercialmente las empresas utilizan con el fin de multiplicar el efecto de su esfuerzo. Cuando una empresa realiza un gasto publicitario de X miles de euros es porque también espera obtener 3X o 5X miles de euros que compense sobradamente dicho gasto.

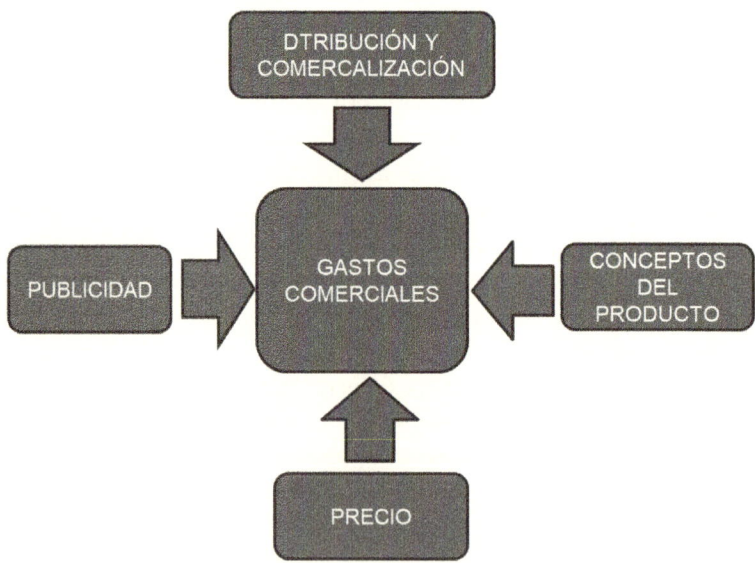

Figura 3.2. Representación de los gastos comerciales
Fuente: Elaboración propia

Los costes y los gastos comerciales tienen su importancia tanto si son vistos y analizados en conjunto como por separado, tal y como veremos también en el siguiente epígrafe de este capítulo, pero sobre todo adquieren todo su sentido cuando son comparados con los ingresos comerciales. Por un lado, tendremos a estos, lo que la empresa factura o ingresa por la venta de sus productos y por otra parte tendremos el coste de aquello que ha sido vendido y los gastos necesarios para que esta venta se lleve a cabo. Pues bien, **la diferencia que hay entre los ingresos y la suma de estos costes y gastos comerciales es a lo que se denomina Margen Comercial** y que tan determinante es para la gestión de una empresa de cara a sus resultados y para la valoración de la función comercial.

Visto así, esta fórmula no tiene mayor complicación puesto que se trata de restar a los ingresos comerciales la suma de costes y gastos comerciales, que como se viene mostrando en este capítulo son tan necesarios para que la empresa pueda vender. Sin embargo, la magnitud del margen comercial admite diferentes formas de ser calculado. Además de este cálculo global, se puede y es conveniente el cálculo del margen comercial de cada uno de los productos que una empresa comercialice, de manera que si una empresa tiene tres productos: A, B y C, podamos calcular y conocer el margen comercial de cada uno de ellos: MC(A), MC(B) y MC(C), o lo que es lo mismo, lo que aporta cada uno de estos productos, de manera desagregada, al **margen comercial total del negocio.**

MARGEN COMERCIAL = INGRESOS - (COSTES Y GASTOS COMERCIALES)

Sin embargo, estos cálculos ya no serían tan inmediatos pues requerirán de un reparto de los gastos comerciales, lo cual a priori no es tan inmediato. Tal y como se ha explicado en el anterior epígrafe de este capítulo, la asignación de ciertos costes comerciales no es ni fácil ni inmediata, y posiblemente tampoco tenga mucho sentido, pues como se ha explicado, distribuir el alquiler de una fábrica o la amortización de una máquina conforme se fabrica un producto parece que no es muy intuitivo sin tener unas métricas exactas y perfectamente definidas.

Pues algo similar pasará con gastos comerciales como son la publicidad, los gastos logísticos o las comisiones que se pagan a un distribuidor o un vendedor de la plataforma de telemarketing. Ciertamente, si cada unidad vendida tuviera asociado estos gastos definidos en su escandallo[3], todavía estos gastos serían fáciles de asignar producto a producto, pero qué ocurre cuando la empresa realiza la publicidad de toda su marca o es una comunicación que no discrimina entre modelos. Entonces, ¿cómo asignar dichos gastos comerciales a cada uno de los productos?

Ciertamente, la manera más sencilla sería hacer un reparto de acuerdo con las ventas, y si las ventas han sido un 40% de A, un 35% de B y un 25% C, los gastos publicitarios y otros gastos que se hubieran producido se repartirían de forma similar. Por consiguiente, si los gastos publicitarios son 100, de acuerdo con este criterio, los gastos comerciales de A serían 40, los de B 35 y los C serían 25.

Pero, ¿es justa esta asignación por resultados si realmente los gastos comerciales son las palancas que impulsan esas ventas? En este caso, si los objetivos asignados a los tres productos hubieran sido un 33% para cada uno de ellos, los gastos comerciales por publicidad serían 33 para cada uno de ellos; los productos A y B tendrían unos gastos menores a los que tendrían según el criterio de reparto según ventas, y C por el contrario tendrá unos gastos mayores. Como se puede ver, entonces, el margen comercial de cada uno de los productos puede cambiar bastante y con ello la interpretación del resultado puesto que, siendo el volumen de facturación la magnitud fundamental de la planificación de ventas, el margen comercial es fundamental para la evolución de la calidad de la actividad comercial.

CONTROL Y SEGUIMIENTO DEL GASTO COMERCIAL

Por esto último, que se acaba de señalar, será fundamental el control y seguimiento de los costes y de los gastos comerciales, tanto para determinar el margen comercial como para evitar grandes desviaciones de los objetivos de gastos comerciales. Según lo mencionado anteriormente, no siempre es posible intervenir en los costes comer-

---

[3] Escandallo: el diccionario de la RAE, relacionado con lo comercial lo define como: "en el régimen de tasas, determinación del precio de coste o de venta de una mercancía con relación a los factores que lo integran".

ciales de un producto, desde la dirección comercial de la empresa. En muchos casos, las propias empresas no tienen la capacidad de fijar el coste que supone las materias primas de sus productos, ya que el precio de estas materias primas vienen fijadas por sus proveedores, que a su vez están fijados por mercados regulados o internacionales, al igual que los sueldos de trabajadores y operarios que trabajan en su fabricación cuyos salarios vienen dados por las condiciones del mercado laboral y las regulaciones gubernamentales.

Por otra parte, los gastos comerciales (publicidad, promociones, distribución, etc.) son gastos cuyos importes vendrán condicionados por los planes que se hayan preestablecido en los planes de la empresa, y también por las decisiones que se puedan tomar dentro del contexto de la gestión comercial y sus circunstancias. Estas circunstancias, precisamente, son las que hacen que el proceso de control y seguimiento sea crítico para la buena marcha de la gestión comercial. Con frecuencia surgirá la necesidad de incrementar estos gastos cuando desde la gerencia del negocio o de lo comercial se considera necesario apoyar acciones que refuerzan la acción comercial (más publicidad, más promociones, más incentivos) con la misión de alcanzar los objetivos ante la complejidad del mercado o la competencia. Esta es la razón, por la que el control y el seguimiento del gasto comercial se hace fundamental para facilitar la toma de decisiones sin riesgo a desequilibrios imprevistos.

Conclusiones

Como conclusión, se puede señalar la importancia que tiene el margen comercial como magnitud que determina la salud o calidad de la actividad comercial pues hay ocasiones en las que las ventas no son suficientes para garantizar la salud comercial de una empresa (efecto burbuja). Un negocio puede tener una gran facilidad para vender y colocar sus productos en el mercado, pero esto puede que no sea suficiente si no es capaz de mantener un margen suficiente como para soportar otras cargas de la actividad de la empresa que también están presentes en su cuenta de resultados.

En resumen, los costes comerciales son las cargas directas que están asociados a la generación del producto o del servicio, mientras que los gastos comerciales son los que estarán asociados a los recursos empleados para impulsar la venta y la actividad comercial

El Margen comercial representa la contribución de la Dirección Comercial al beneficio de la Empresa

MARGEN = INGRESOS – (COSTES + GASTOS COMERCIALES)

```
                    COSTE Y GASTOS
                     COMERCIALES
                    /            \
                   /              \
            COSTES DEL         GASTOS
            PRODUCTO          COMERCIALES
           /    |    \        /    |    \
          /     |     \      /     |     \
   MATERIAS  ALMACENA-  COSTES  PUBLICIDAD Y  DISTRIBUCIÓN Y  COMISIONES
   PRIMAS    MIENTO Y   DE      PROMOCIONES   TRANSPORTE      COMERCIALES,
             EMPAQUETADO TRANS-               (LOGÍSTICA      REMUNERACIONES
             (LOGÍSTICA  FORMACIÓN            COMERCIAL)
             DEL
             PRODUCTO)
```

El fabricante de ordenadores y material informático Epsylom ha calculado que sus costes de producto y los gastos comerciales suponen un 70% de sus ingresos, lo que significa que en 2018 estos gastos y costes comerciales serán de 2.737.000 €.

De esta cantidad, 2.000.000 euros correspondieron a los costes de producto que la empresa tuvo para fabricar (mano de obra más materia prima) y 737.000 euros fueron gastos y costes que se pueden atribuir exactamente a la gestión comercial para las ventas: publicidad, promociones, comisiones, etc., que se emplearon para impulsar la actividad comercial de la empresa.

Los costes comerciales o gastos de ventas, atribuibles a la fabricación dependen directamente de la dirección de operaciones de la compañía que gestiona la compra de materias primas, componentes y personal de la planta ensambladora. En dicho coste, la dirección comercial y su departamento de planificación poco intervienen excepto para estimar el precio del producto, el cual se propone de acuerdo con las condiciones de mercado, pero también a los objetivos marcados por la dirección financiera de la empresa que ha determinado que el margen bruto sobre ventas debe ser del 50%.

Los gastos comerciales y las inversiones que realizará la dirección comercial de Epsylom en 2018 serán 737.000 euros, se dividen en cuatro partidas o conceptos que gestiona y toma decisiones el director comercial. Estas cuatro partidas son:

1. Publicidad y desarrollo de marcas y productos: 180.000 euros.
2. Comisiones e incentivos a la distribución: 450.000 euros
3. Incentivos a la fuerza de venta: 90.000 euros.
4. Prospección comercial: 17.000 euros.

Publicidad y Desarrollo de Marca: esta es la partida de gastos que la dirección comercial emplea para realizar campañas de publicidad e impulsar las ventas a través de promociones. Epsylom realiza campañas de publicidad de tipo local y solo utiliza medios digitales, plataformas como Facebook e Instagram para publicitarse de manera global. Dentro de los gastos comerciales de publicidad se incluye la edición del catálogo general de la empresa del cual se imprimen más de 50.000 ejemplares cada seis meses y cuyo coste es de 60.000 euros.

Dentro del concepto de desarrollo de marca y producto se incluye la partida destinada a promociones e incentivo de ventas (promociones pull) generalmente en forma de regalo final o rebaja en el precio de compra. Para estas acciones la empresa destinará en el 2018 una partida de 25.000 euros y que empleará en los productos nuevos y productos que saldrán del catálogo y cuyo valor de obsolescencia podría afectar a la cuenta de resultado de la empresa finalmente (retirada, almacenaje y reventa).

Este gasto comercial está delegado en el jefe del área de Publicidad que es quien realiza la puesta en marcha de todas estas acciones:

Publicidad y Desarrollo de producto	
Catálogo	60.000,00 €
Promociones	25.000,00 €
Publicidad local	50.000,00 €
Internet	15.000,00 €
Ferias	30.000,00 €
	180.000,00 €

Tabla 3.1.

La partida más importante dentro de los gastos comerciales de la empresa Epsylom es la de comisiones e incentivos para la venta, los cuales se aplican tanto al canal directo, como al canal indirecto e internet.

El canal directo formado por la fuerza de venta propia de la empresa que es remunerada a través de comisiones de acuerdo a sus ventas además de sus salarios como empleados. La empresa establece para cada delegación comercial y proyecto comercial (lanzamiento de nuevos productos o gama) comisiones en función de los objetivos establecidos y los objetivos alcanzados. Estas comisiones son individuales y en 2018 supondrán 210.000 euros sin contabilizar los sueldos de todos los miembros del equipo comercial

Otra gran parte de este gasto comercial, 220.000 euros, es dedicado a la red indirecta de ventas o canales de distribución que reciben descuentos, bonificaciones y ayudas comerciales en función de sus ventas y/o pedidos realizados. La dirección comercial, y a través del responsable del canal indirecto en cada demarcación territorial establecen la política de ayudas que reciben los distribuidores que colaboran con Epsylom en función de sus resultados, sus proyectos comerciales o sus necesidades. Epsylom colabora de forma puntual con sus distribuidores con acciones de publicidad o con equipamientos que ayudan a la venta en las tiendas de estos distribuidores. También se establece un programa de recompensas que premia la consecución de estos objetivos. A lo largo de 2018 también se empleará la partida de estos gastos comerciales para incentivar y apoyar acciones comerciales en los que la empresa detectó una fuerte presencia de la competencia.

La dirección comercial de Epsylom asume como gasto comercial dentro de su partida de comisiones e incentivos comerciales el desarrollo del canal digital que incluye el desarrollo de la estrategia digital con portales de internet tipo Amazon y parte de los costes asociados a la logística de las ventas que se realizan a través de las plataformas de comercio electrónico. Este ha sido un punto de gran controversia a lo largo del año 2017 pues la dirección comercial considera que la logística del canal digital debe ser asumida por la dirección de operaciones que gestiona igualmente todo lo relacionado con la logística y entrega de mercancías tanto a las delegaciones como a los propios distribuidores.

Además de las comisiones que reciben los comerciales de la fuerza de venta directa dentro de los gastos comerciales de Epsylom se contempla el concepto de incentivos a la fuerza de venta y que incluye dos conceptos: los premios que la empresa concede todos los años a los comerciales y mejores distribuidores, bien con premios en metálico o bien con otro tipo de premios como por ejemplo viajes, y una parte importante que se dedica a la organización anual de la convención anual de ventas a la que acuden todos los comerciales y representantes de la distribución indirecta.

Las cantidades que se destinaron a estos conceptos en 2017 fueron idénticas: 45.000 euros, misma cifra que se prevé para 2018.

Por último la partida de prospección comercial incluye dos capítulos: estudios comerciales y relaciones públicas. Esta partida es de disposición exclusiva del director comercial. Dentro de la prospección comercial se incluye la realización de estudios de mercado o estudios de consultoría que tienen como objetivo proporcionar información sobre nuevas necesidades comerciales u oportunidades, conocimiento de producto, calidad de la distribución o mejora de los procesos comerciales de la empresa. Asímismo se contempla dentro de este concepto de gasto la libre disposición, por parte de la dirección y responsables de la dirección comercial, para gastos de representación que estén destinados únicamente a la promoción y expansión comercial de Epsylom.

Asimismo, queda fuera de la consideración como gastos estrictamente comerciales los que están relacionados con viajes y desplazamientos de la fuerza de ventas y los ya mencionados gastos de logística (entrega de mercancías). Ambos estarán dentro de lo que en la empresa se considera como gastos de explotación pero que no dependen de la dirección comercial; los primeros, gastos de trasporte y desplazamiento de la fuerza de ventas estarán bajo el control de la dirección de recursos humanos, que también gestiona el alquiler de vehículos y tramitación de billetes en medios de transporte, y los segundos, los gastos relacionados con la logística (entrega de mercancías y almacenaje de productos) que dependen de la dirección de operaciones.

Este planteamientos de los costes y gastos comerciales de Epsylom está orientado a que la gestión de los recursos sea lo más eficaz posible y redunde en las ventas, de manera que todos los recursos disponibles por la dirección de ventas sea para maximizar el rendimiento comercial de la empresa y en especial de su departamento sin que en ello se tengan que incluir otros costes derivados de la operación, como podrían ser los del trasporte y la logística.

CONCLUSIONES

El objetivo de este tercer entregable y capítulo del proyecto que se propone es la realización de la previsión de los costes y gastos de la empresa, en la que se ha estimado que los costes de los productos ensamblados y listos para comercializar son 2.000.000 euros y 737.00 euros serán los gastos comerciales, es decir, la suma de ambos conceptos supondrá un 70% de los ingresos previstos, y por tanto, el margen comercial esperado será de un 30%.

En el caso que nos ocupa, por ejemplo, disponiendo también de la previsión de las unidades vendidas para cada uno de los productos se podrán calcular los costes y márgenes unitarios por productos los cuales aportan mucha información acerca de la contribución de cada uno de ellos al resultado de la empresa. En cualquier caso, esta aproximación tampoco sería exacta salvo que se dispusiera de la planificación real de los gastos y la forma en la cual se aplicarían a cada línea de productos, ya que la distribución de ciertos gastos comerciales es casi imposible de asignar a cada una de las líneas de una manera objetiva y realista, tal y como esté organizada comercialmente la empresa.

Logística y cadena de suministro en la nueva era digital

El presente artículo presenta una visión de la importancia que la logística y la cadena de suministro ha adquirido en la nueva era. Las empresas tienen que conectar su cadena de suministro más allá de sus actuales límites operativos si desean mantenerse competitivas en una nueva era digital, que supera la previa basada en las tecnologías e internet no interactivos.

Referencia bibliográfica
Roig, M. V. (2018). "Logística y cadena de suministro en la nueva era digital". *Revista de economía, empresa y sociedad*, 1(9), 7-10.

Modelos de comunicación eficaces en las campañas de publicidad. Un análisis estratégico para la búsqueda de la eficacia

El presente artículo presenta una reflexión sobre la industria publicitaria actual, la cual está en un profundo cambio. La saturación actual del mercado publicitario y también la gran oferta de productos y de marcas en el actual mercado obliga al sector publicitario, como una de las palancas fundamentales de la actividad comercial a un replanteamiento de estrategias. Conocer y priorizar los modelos de comunicación es una prioridad a la hora de obtener los mejores resultados comerciales.

Referencia bibliográfica
González-Oñate, C., Vazquez-Cagiao, P., & Farrán-Teixidó, E. (2019). "Modelos de comunicación eficaces en las campañas de Publicidad. Un análisis estratégico para la búsqueda de la eficacia". *Communication & Society*, 109-124.

Lanzamiento eficiente de nuevos productos

El siguiente artículo, correspondiente al capítulo 3 del libro "Gestión por Categorías"-La Respuesta eficiente al consumidor (ECR)", describe uno de los retos más importantes que cualquier compañía puede tener y que es el del lanzamiento de un nuevo producto. El artículo incluye los aspectos a tener en cuenta a la hora de lanzar un producto, las fases del desarrollo de un nuevo producto y las principales causas de fracaso de un nuevo producto.

Referencia bibliográfica
Jordi Garrido i Pavia (2009). "Gestión por Categorías"-La Respuesta eficiente al consumidor (ECR). Ediciones Pirámide, 45-59.

CAPÍTULO IV. CUARTO PASO
EL PLAN DE VENTAS

Introducción
El Plan de Ventas es el auténtico elemento integrador de toda la acción comercial que permitirá, desde el director comercial hasta el vendedor más recién llegado a la organización, tener la información precisa para el trabajo de cada día. Este documento, por otro lado, no muy extenso, más bien corto y destinado a dar las pautas, integra todos aquellos aspectos que tiene que ver con la misión comercial. Además de recoger la previsión de ingresos y de costes y gastos comerciales, incorporará las directrices que desde producción, finanzas, marketing o recursos humanos hayan sido planificadas. El Plan de Ventas será la guía de la acción de manera que en todo momento se pueda hacer el seguimiento de los resultados, también con las referencias de las estrategias funcionales y recursos puestos a disposición de la dirección comercial.

Palabras clave
Plan de ventas, "Forecast", Precios, Campañas de Ventas, Promociones, Incentivos Comerciales.

Reto
A través del contenido de este capítulo estaremos en disposición de responder a cuestiones relacionadas con la importancia de esta herramienta de la gestión y de la planificación comercial que es el Plan de Ventas, esencial para cualquier organización. Daremos respuestas a preguntas como ¿para qué sirve el Plan de Ventas? ¿quiénes deben participar en la elaboración del Plan de Ventas? ¿quién lo ejecuta y es el responsable? O ¿qué importancia tiene para una empresa?

El Plan de Ventas como cualquier plan al que nos podamos referir es la descripción de las tareas y objetivos que están por venir o que tendremos que realizar en los próximos días o meses. Si mañana, cualquiera de nosotros tuviera que realizar un viaje, su primera misión sería la planificación de éste comenzando por el punto de partida y el punto de llegada, pero esto no sería suficiente para asegurar que al viajero las cosas le van a salir según lo previsto. Además del origen y del destino, tendrá que ir incluyendo en su planificación horarios, costes, estancias e incluso las actividades que en cada lugar tiene previsto realizar. Será todo un cuaderno de bitácora[4] que, si se dan bien todas las circunstancias externas, permitirá a quién lo ha realizado y planificado, gozar de un viaje extraordinario.

De manera similar, se puede decir que es el Plan de Ventas para la dirección comercial y su director. El Plan de Ventas debe ser la documentación en la cual se recoja toda la información y los hechos más significativos de la gestión comercial para asegurar el cumplimiento de los objetivos, es decir, será parecido a este cuaderno de bitácora en el cual los marinos apuntan todo lo relacionado con la navegación, con la diferencia que en un plan de ventas estará elaborado antes del comienzo del ejercicio, antes de la travesía comercial.

Por tanto, el Plan de Ventas es el elemento esencial de información y **guía de los resultados, acciones y decisiones que el director comercial tiene.** Elaborado por él mismo o por el equipo de planificación comercial servirá para realizar el seguimiento de las ventas e ingresos, así como de las decisiones e hitos más importantes que se tengan que tomar desde la dirección comercial a lo largo de todo un ejercicio.

Elementos e información del Plan de Ventas

El primer apartado del Plan de Ventas, indudablemente y en cualquier empresa del mundo (grande o pequeña) serán los objetivos de venta y ya no se hablará más de estimaciones o previsiones; los objetivos del plan de venta se plantearán como las metas que una em-

---

[4] Cuaderno de bitácora: Término relacionado con la navegación y el mar. Libro en que se apunta el rumbo, velocidad, maniobras y demás accidentes de la navegación.

presa, que "SÍ O SÍ" se tienen que alcanzar para asegurar la rentabilidad y la viabilidad de la empresa. Estos objetivos, por tanto, serán el argumento que guiará la acción del equipo, y cuya realización serán los ingresos que necesita para el mantenimiento de su actividad.

Por tanto, la primera de las utilidades del Plan de Ventas también será hacer llegar a toda la organización comercial los objetivos de cada unidad o equipo de ventas. Esto, también, significa que los objetivos tendrán que ser asignados en función de las capacidades y los recursos que la empresa disponga; así como las posibilidades que el mercado ofrece. Pero antes de esto también los objetivos deberán ser "organizados", esto quiere decir que deben ser manejados de tal manera que sea clara la meta hacia donde debe dirigirse la organización comercial, tal y como se explica a continuación.

OBJETIVOS COMERCIALES POR REFERENCIAS

En capítulos anteriores ya se ha mencionado que casi ninguna empresa en el mundo ni fabrica, distribuye o vende finalmente un solo producto, sino que suelen ser varias referencias las que comercializará, lo cual complica algo la planificación comercial del negocio. Esto es evidente, ya que cuando una empresa solo fabrica un producto, como sería el caso de una empresa de galletas que solo vende "galletas redondas rellenas de chocolates en paquetes de 40 unidades", su planificación y la transmisión de estos objetivos se simplificaría bastante pues todos los integrantes de la organización sabrían que el millón de euros que la empresa se ha planteado como objetivo, sería a través de los paquetes de 40 unidades de galletas de chocolate redondas, pero esto ¿es real?

Efectivamente, esto no suele coincidir con la realidad comercial de casi todos los negocios del mundo. Se sea un fabricante de galletas o no, no suele ser lo normal. En el caso de esta empresa, puede que la empresa haga paquetes para vender sus galletas de 5, de 20 y hasta de 80 unidades; y también es posible que no sean solo de chocolate, sino también sin relleno o con relleno de fresa, lo cual, si multiplicamos los cuatro formatos por los tres gustos, al menos, este fabricante estaría ofreciendo al mercado doce referencias diferentes.

Cierto es que, al nivel corporativo más alto, los accionistas, socios y gerencia de la empresa puedan tener en su mente y en la planificación corporativa que la empresa para alcanzar los ingresos previstos, un millón de euros, será necesario vender diez millones de galletas, pero la cuestión es ¿cómo se venderá tal cantidad de galletas? Esta es la cuestión para la cual es preciso contar con la planificación comercial ya que la cifra del negocio no llega con la venta de una en una de las galletas, sino con la venta de cada uno de los formatos y de acuerdo con los gustos que el mercado demanda.

Por esta razón será necesario realizar el siguiente paso dentro de la planificación comercial que consistirá en **repartir los objetivos comerciales globales entre las referencias que una empresa comercializa y de acuerdo con, los estudios de mercado que muestren las posibilidades de venta de cada uno de los productos que la empresa comercializa y las registros históricos de las ventas que la empresa disponga.**

Por tanto, este paso de la planificación comercial, que estará muy conectado con el conocimiento del mercado y con la planificación de la producción que la empresa pueda tener, tendrá como fin determinar los objetivos de ventas de cada una de las referencias, información cuyo fin también es facilitar información sobre el comportamiento y las preferencias del mercado, lo cual se traduce en ventajas para quienes tienen que llevar a cabo la actividad comercial.

Objetivos comerciales periodificados

Si el reparto de los objetivos globales de un negocio por referencias es importante, señalándose cuáles son las cantidades que deben venderse de acuerdo con las estimaciones de los estudios de mercado y los históricos que se disponen, igual de importante que ese apartado es el de la periodificación o reparto a lo largo del ejercicio de dichos objetivos.

La **periodificación de los objetivos consiste en asignar los objetivos globales a lo largo del tiempo de acuerdo con el comportamiento previsto del mercado** teniendo en cuenta que este comportamiento significa que los clientes no compran de igual forma a lo largo de un año. El comportamiento de muchos productos son consecuencia del **efecto de la estacionalidad**, que es la principal razón para que esta periodificación sea fundamental en la dirección de las ventas de una empresa ya que este efecto tiene que ver con el volumen desigual de las ventas que una empresa puede tener como consecuencia de la temporalidad. Este efecto de la temporalidad es fácil de entender con productos por ejemplo vinculados al periodo de la Navidad o a ciertos productos cuyo consumo es susceptible de

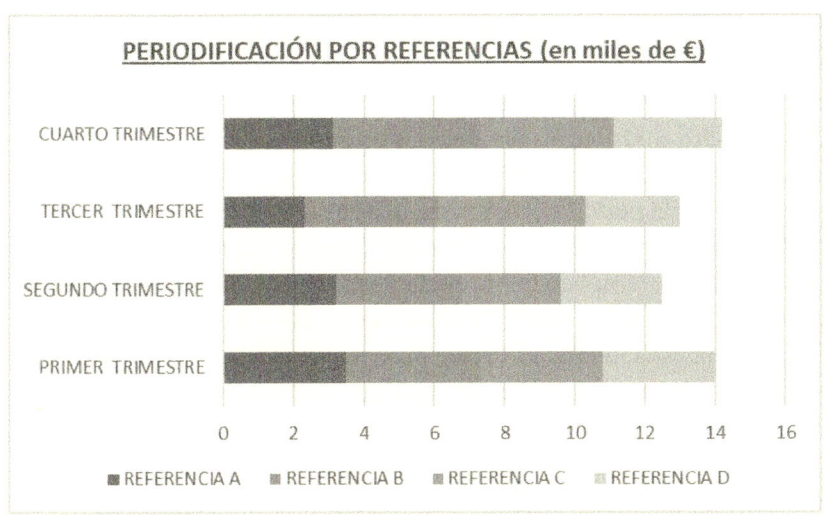

Figura 4.1.
Fuente: Elaboración propia

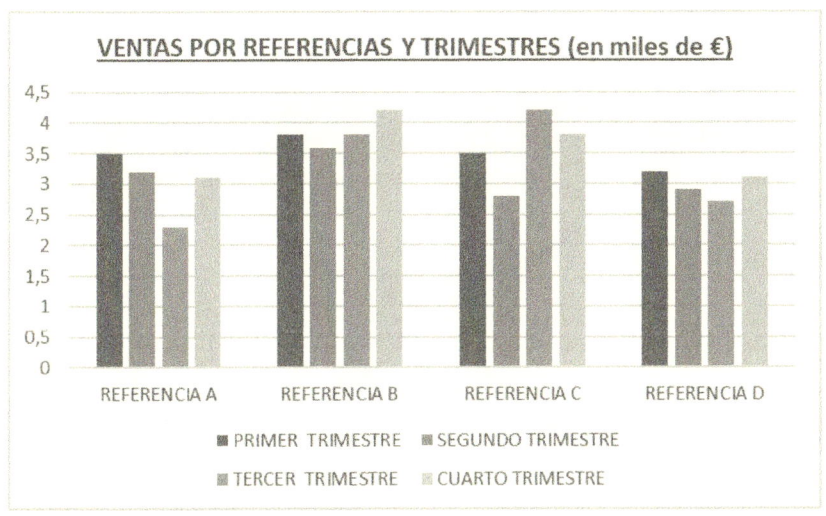

Figura 4.2.
Fuente: Elaboración propia

ser adquiridos en determinadas épocas del año. Es lógico pensar que durante el verano en lugares en los que hace mucho calor se venderán muchos más ventiladores y aires acondicionados que en el invierno, o cuando llegan días señalados como San Valentín, o el Día de la Madre o el Padre, determinados productos son más demandados para estas ocasiones.

Por tanto, la periodificación consiste en considerar que al igual que una empresa no vende las mismas unidades o factura lo mismo por cada producto, tampoco lo hace regularmente a lo largo de un año tal y como muestran las siguientes gráficas en las cuales se puede ver el efecto de la estacionalidad de un producto a lo largo de un año o el comportamiento desigual que los productos tienen dentro del catálogo.

Elementos internos del Plan de Ventas

Una vez que la empresa dispone de la cifra global del negocio que requiere para cumplir los objetivos que la propiedad del negocio haya planteado, el Plan de Ventas deberá integrar otros elementos en su planificación que son fundamentales para que la ejecución este plan tenga garantías de éxito. Los elementos que deberán incluirse en este análisis son los que se representan en la siguiente figura y que también describimos a continuación.

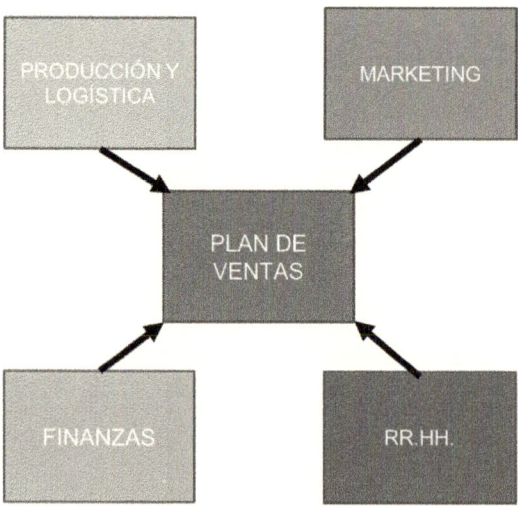

Figura 4.3. Áreas y elementos internos integrados en el Plan de Ventas
Fuente: Elaboración propia

La coordinación con el área más operativa de una empresa es esencial para un plan de ventas. Los departamentos comerciales a fin de cuentas dependen de los productos y servicios que la empresa sea capaz de fabricar y generar. Ninguna empresa debería comprometerse en vender lo que no tenga seguro que va a tener disponible en sus almacenes y sus líneas de producción.

El término anglosajón *forecast* se refiere precisamente a la producción y disponibilidad que la empresa tiene para su normal actividad. *"Forecast* o previsión" será la información que deben compartir los departamentos de producción y comercial para realizar el Plan de Ventas ya que en función de las unidades que se hayan planificado fabricar también en los centros de producción será lo que la empresa pueda ofrecer al mercado. Sería por tanto toda una temeridad suponer que una empresa se pudiera plantear una futura comercialización de aquello que no dispone con total seguridad.

Otro aspecto que será fundamental para la realización del Plan de Ventas será la logística o distribución de los productos y también para la ejecución y prestación de servicios. Además de los recursos de los que ya hemos hablado: económicos y humanos, la realización de cualquier operación siempre requiere **tiempo y se sitúa en el algún lugar**. Esto significa que, tanto el tiempo como el espacio son fundamentales a la hora de planificar comercialmente un negocio; la empresa debe ir *"a buscar a sus clientes"*, cierto, pero también con la certeza que lo que haya planteado es realizable.

La logística es la función de la empresa que tiene la misión de cumplir con esta distribución de los productos y asegurar, también, la ejecución de los servicios prometidos. Esta función, cuyas actividades principales son el almacenamiento, traslado y distribución a los lugares de venta necesariamente deberá estar contemplada en los criterios del Plan de Ventas, sobre todo teniendo en cuenta que, sin una buena logística y el análisis de sus capacidades, no se podrán plantear objetivos de venta.

En resumen, unidades fabricadas o en almacén, costes de la bodega, de transporte, etc. además de los costes de fabricación a los que nos referimos como costes comerciales o de producto son elementos esenciales del Plan de Ventas.

Se ha hecho referencia ya en otras ocasiones de la conexión también esencial e imprescindible que tiene que haber entre lo financiero y lo comercial de una empresa. Son realmente dos partes de una empresa que más que vivir en un enfrentamiento continuo como se ha dado a entender muchas veces alegando incomprensiones mutuas, realmente deben estar conectadas, compartir información y aunar criterios teniendo en cuenta que ambas deben responder a los objetivos que la propiedad (accionistas y socios) y la gerencia general plantean.

El área financiera, como administradora de los recursos económicos de la empresa, obviamente también forma parte de esta planificación de venta, pues cuestiones como condiciones de cobro a clientes pueden influir mucho en la liquidez de la empresa. Es decir, para un negocio es muy diferente recibir los pagos de un cliente al contado que, a treinta o sesenta días, por ejemplo, lo que puede influir mucho en la disposición de fondos también de la empresa para responder a sus obligaciones.

En definitiva, en este plan de ventas también deben quedar reflejadas magnitudes financieras como ingresos previstos, rentabilidad, etc.., esenciales para garantizar que el Plan de Ventas sea una buena guía para la empresa.

Recursos Humanos

Una parte muy importante de toda la gestión comercial es la que tiene que ver con la gestión de las personas; definitivamente, sin personas, aunque en el "*front-office*" comercial de una empresa pueda estar muy automatizado, la actividad comercial requiere de personas incluso en estas empresas donde la venta se pueda realizar a través de medios digitales. La relación con clientes, siempre, será una cuestión entre personas, bien sea en prescripción de la venta, durante el proceso de venta o en la parte de postventa. Por ello, la gestión de este talento humano es uno de los capítulos más estratégicos para la gestión comercial. La disponibilidad de los mejores vendedores y gestores de clientes será esencial para el departamento comercial, que lógicamente debe hacer de manera coordinada con el departamento de recursos humanos.

Propiamente dicho el Plan de Ventas forma parte de un plan más amplio y que tiene la categoría de ser uno de los documentos del plan estratégico como es el Plan de Marketing. Por lo tanto, el Plan de Ventas es una parte de la propia función del marketing de la empresa. Sin embargo, dentro de las tareas, actividades, campañas y otros planes que el propio marketing pueda llevar a cabo hay unos que tendrán un mayor impacto para el Plan de Ventas. Cualquier acción de marketing, obviamente, tendrá algún impacto en uno u otro momento para las ventas de una empresa, pero habrá algunas de estas acciones de marketing que serán determinantes para la marcha de las ventas, como por ejemplo las campañas de publicidad que coinciden con una campaña estacional de ventas, determinadas promociones, lanzamientos, etc.

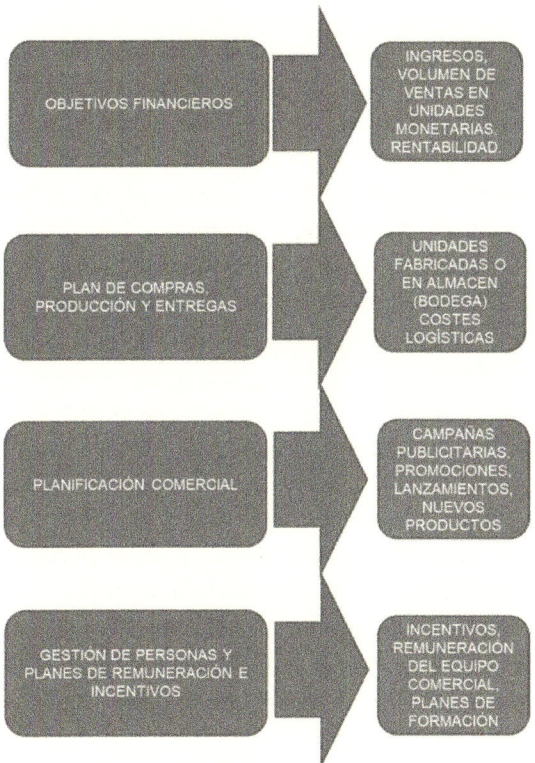

Figura 4.4. Magnitudes para incorporar en el Plan de Ventas.
Fuente: Elaboración propia

De una u otra forma el Plan de Ventas y el Plan de Marketing son las dos vertientes de la montaña comercial que los ejecutivos de una empresa tienen que ascender. O si se quiere, el Plan de Ventas es uno de los *caminos* que asciende a la cima de la Misión Comercial, y por tanto todo lo que tiene que ver con esta función de la empresa, a través de la planificación comercial, y más concretamente su Plan de Ventas, deberá quedar reflejado.

PRECIOS Y CAMPAÑAS

Una de las cuestiones más importantes y que será clave para el éxito del Plan de Ventas y para que la empresa alcance los objetivos que se han establecido son **la política de precios y campañas**, una cuestión que precisamente está muy relacionada con toda la función del marketing.

No hay ninguna ley que diga quién debe fijar los precios en una empresa. En cualquier parte del mundo seguro, que se pueden encontrar empresas donde es la gerencia o dirección general quien establece la política de precios; en otras, serán la dirección de marketing y los departamentos de estrategia, finanzas y planificación quienes lo establecen; y también, habrá otras empresas en las que puede ser que el director comercial o de ventas quien pueda fijar los precios a partir de ciertas directrices sobre los costes que tenga. Cualquiera de estos escenarios puede ser posible. El precio de los productos es una de las variables críticas que toda empresa tiene que manejar permanentemente; fundamental para la relación que las compañías establecen con sus clientes y el mercado en general, y en la que en su fijación pueden intervenir circunstancias que van más allá de los análisis de mercado y las propias decisiones de la dirección comercial, como son las cuestiones regulatorias o la limitación de los precios que por ley puede fijar los gobiernos sobre determinados productos y servicios.

De cualquier forma, es fundamental la coordinación entre quienes desarrollarán el plan de ventas y lo ejecuten con quienes establecen y fijan las políticas de precios de las empresas pues el precio siempre será determinante para los resultados de las ventas.

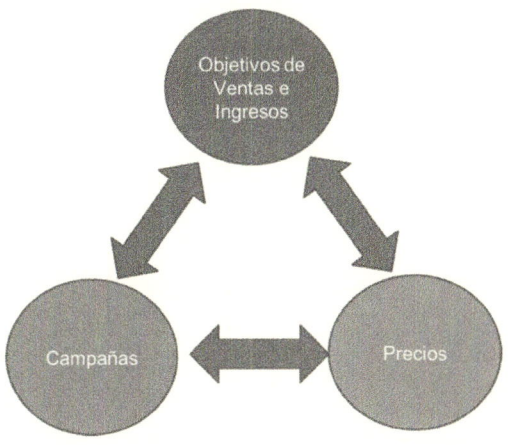

Figura 4.5. Coordinación entre objetivos campañas y precios
Fuente: Elaboración propia

Conclusiones

Como conclusión y resumen de lo leído se puede decir que el Plan de Ventas es el primer eslabón de una larga cadena que lleva hasta el resultado de la empresa. Como bien sabemos los ingresos son la primera fila de la cuenta de resultados de la compañía y a partir de las ventas o ingresos se comienzan a restar todos los conceptos y parámetros que una empresa requiere para su sostenibilidad y actividad, hasta conseguir la rentabilidad que buscan los accionistas y promotores del negocio. De ahí, la importancia que se debe dar al Plan de Ventas pues, es **la guía indispensable, periodificada y desagregada que el equipo comercial debe tener**. El Plan de Ventas no es sólo una serie de cifras que representa el volumen del negocio que la empresa debe alcanzar sino también el itinerario de las ventas que la empresa debe alcanzar durante un ejercicio.

Dada esta importancia, el Plan de Ventas requerirá de la participación de todas las partes de la empresa que tienen que ver o participan en algunas de las fases del proceso comercial, bien aportando productos, o bien aportando recursos financieros o personas para conseguirlo.

INFOGRAFÍA DEL PASO 4

El Plan de Ventas es la herramienta que permite a la Dirección Comercial realizar el seguimiento de los resultados, la planificación de las acciones y estrategias de marketing, junto a la gestión de los recursos principales (humanos, financieros, operacionales, etc.).

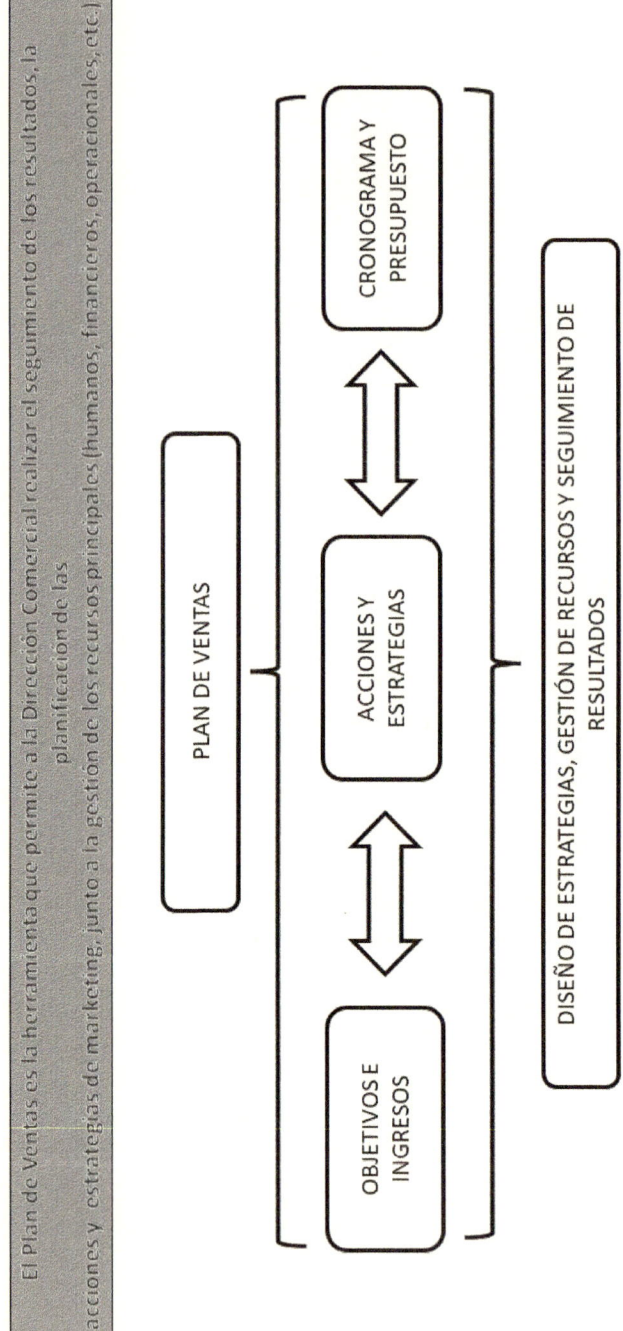

PLAN DE VENTAS

OBJETIVOS E INGRESOS

ACCIONES Y ESTRATEGIAS

CRONOGRAMA Y PRESUPUESTO

DISEÑO DE ESTRATEGIAS, GESTIÓN DE RECURSOS Y SEGUIMIENTO DE RESULTADOS

Aplicación práctica del PASO 4

El plan de ventas de EPSYLOM es entendido como la hoja de ruta que la empresa tiene para prever las ventas que la empresa realizará tanto anualmente como por periodos, teniendo en cuenta la estacionalidad de estas.

A partir de la previsión de ingresos que la empresa tiene para el año en curso y los precios que la dirección comercial estima como precios promedios para cumplir el plan financiero de la empresa:

PRECIOS ESTIMADOS		AÑO 2017
Ordenadores	De mesa	650,00 €
	Portátiles	425,00 €
Accesorios	De tipo A	30,00 €
	De tipo B	75,00 €
	De tipo C	95,00 €

Tabla 4.1.

Se calcula el número de unidades para cada producto que deben ser vendidos. Para el ejemplo que nos ocupa, tomemos como previsión de ingresos los mismos que hemos tomado para el ejemplo del capítulo 2 de este mismo proyecto. Esta estimación de ingresos que, venía formulada a partir del estudio de la serie histórica de los últimos cinco años, más el resultado del estudio de la evolución del mercado y los objetivos que la empresa tiene a nivel de EBITDA y beneficio, establece como objetivos los ya referidos.

		AÑO 2017
Ordenadores	De mesa	1.075.109,97 €
	Portátiles	553.844,53 €
Accesorios	De tipo A	325.790,90 €
	De tipo B	488.686,35 €
	De tipo C	814.477,25 €
		3.257.909,00 €

Tabla 4.2.

De manera consensuada con el departamento de fabricación y montaje, y con la aprobación del comité de dirección, se establece como objetivos de ventas en unidades las siguientes cifras:

VENTAS ESTIMADAS (U.)	AÑO 2017	
Ordenadores	De mesa	1.654
	Portátiles	1.303
Accesorios	De tipo A	10.860
	De tipo B	6.516
	De tipo C	8.573

Tabla 4.3.

Estas cifras son lo que podemos considerar como objetivos de ventas u objetivos del plan de ventas, y que trasciende no solamente para la previsión de ingresos de la empresa sino también para la planificación de la producción. Esta previsión de unidades habrá de ser tenida en cuenta en todos los planes que la empresa tenga (producción, compras, recursos, etc.).

No obstante, adquiere todo su sentido una vez que dichas estimaciones se periodifican a partir de las estimaciones de las ventas de acuerdo con la estacionalidad de las ventas. También de acuerdo

enero	8%
febrero	6%
marzo	6%
abril	5%
mayo	5%
junio	5%
julio	7%
agosto	3%
septiembre	10%
octubre	12%
noviembre	15%
diciembre	18%

Tabla 4.4.

84

con los estudios y datos retenidos a lo largo de los últimos años, la empresa estima que las ventas se distribuyen de la siguiente manera a lo largo de un año:

Este reparto mensual de los ingresos será la base para asignar en el plan de ventas los objetivos por productos de EPSYLOM a lo largo de los doce meses del año. Para formular esta parte del plan de ventas con los objetivos mensuales por productos también habrá que tener en cuenta los planes de producción y a la estimación de ingresos para establecer finalmente las unidades que deberían ser incluidas en el plan de ventas por meses. En la Tabla I hemos incluido este cálculo de unidades que deberán ser vendidas suponiendo que el comportamiento en cada uno de los meses será el mismo para todos los productos, hipótesis que no es del todo cierto, en primera instancia.

Por esto último, para mejorar el plan de ventas deberíamos tener en cuenta que la estacionalidad no es la misma para todos los productos, a parte de la influencia que las diferentes palancas comerciales o campañas pueden tener en las ventas de cada producto a lo largo del año.

Aplicando los criterios mencionados, por tanto, el plan de ventas que obtendríamos es el siguiente (ver tabla II) en el cual habremos tenido en cuenta que:

1. Que la venta en general, de accesorios es más regular a lo largo del año que la de ordenadores tanto de mesa como portátiles, y;

2. Que todos los recursos disponibles de publicidad y promoción de productos irán enfocados a fortalecer el posicionamiento y las ventas de los ordenadores portátiles por lo cual se prevé que las ventas de estos productos se pueden incrementar en términos generales en un 15%.

Teniendo en cuenta estas dos condiciones se realiza un nuevo cálculo que afecta a los complementos y a la venta de portátiles tal y como se muestra en la siguiente tabla (Tabla I).

Tabla I: Plan de ventas mensual por productos INICIAL:

		ordenadores de mesa	ordenadores portátiles	accesorios tipo A	accesorios tipo B	accesorios tipo C
enero	8%	132	104	869	521	686
febrero	6%	99	78	652	391	514
marzo	6%	99	78	652	391	514
abril	5%	83	65	543	326	429
mayo	5%	83	65	543	326	429
junio	5%	83	65	543	326	429
julio	7%	116	91	760	456	600
agosto	3%	50	39	326	195	257
septiembre	10%	165	130	1.086	652	857
octubre	12%	198	156	1.303	782	1.029
noviembre	15%	248	195	1.629	977	1.286
diciembre	18%	298	235	1.955	1.173	1.543
		1.654	1.303	10.860	6.516	8.573

Tabla II: Plan de ventas mensual por productos con estacionalidad aplicada a cada gama de productos:

	Estacionalidad de los Ordenadores	ordenadores de mesa	ordenadores portátiles (Incremento 15%)	Estacionalidad de los Complementos	accesorios tipo A	accesorios tipo B	accesorios tipo C
enero	8%	132	120	8%	869	521	686
febrero	6%	99	90	8%	869	521	686
marzo	6%	99	90	8%	869	521	686
abril	5%	83	75	8%	869	521	686
mayo	5%	83	75	7%	760	456	600
junio	5%	83	75	7%	760	456	600
julio	7%	116	105	8%	869	521	686
agosto	3%	50	45	8%	869	521	686
septiembre	10%	165	150	9%	977	586	772
octubre	12%	198	180	9%	977	588	777
noviembre	15%	248	225	10%	1.086	652	857
diciembre	18%	298	270	10%	1.086	652	857
	100%	1.654	1.499	100%	10.860	6.516	8.573

Tabla III: Plan de ventas de final con objetivos que facilitan el seguimiento de los resultados:

	ordenadores de mesa	ordenadores portátiles (Incremento 15%)	accesorios tipo A	accesorios tipo B	accesorios tipo C
enero	135	120	870	525	690
febrero	100	90	870	525	690
marzo	100	90	870	525	690
abril	90	75	870	525	690
mayo	90	75	760	460	600
junio	90	75	760	460	690
julio	120	105	870	525	690
agosto	50	45	870	525	690
septiembre	165	150	980	590	775
octubre	200	180	980	590	775
noviembre	250	225	1.090	655	860
diciembre	300	270	1.090	655	860
	1.690	1.500	10.860	6.560	8.610
Objetivos finales	1.700	1.500	10.900	5.600	8.600

Estas cifras, que constituyen la base de plan de ventas, serán llevadas a los objetivos tanto de los diferentes canales de distribución como de las diferentes delegaciones que componen la organización comercial de Epsylom.

Para simplificar el ejercicio, consideremos que canales y territorios venden ordenadores de mesa, portátiles y los tres tipos de accesorios en la misma proporción pudiéndose aplicar el mismo reparto que se aplicaba para la estimación de ingresos:

		ordenadores de mesa	ordenadores portátiles	accesorios tipo A	accesorios tipo B	accesorios tipo C
Canal Directo	22%	374	330	2.398	1.232	1.892
Canal Indirecto	65%	1.105	975	7.085	3.640	5.590
Canal Digital	13%	221	195	1.417	728	1.118
		1.700	1.500	10.900	5.600	8.600

Tabla 4.5.

Realizaremos el mismo ejercicio para cada una de las delegaciones territoriales cuyas ventas también se distribuyen de acuerdo con los porcentajes que se muestran en el capítulo de ingresos:

		ordenadores de mesa	ordenadores portátiles	accesorios tipo A	accesorios tipo B	accesorios tipo C
Bilbao	12%	204	180	1.308	672	1.032
Madrid	37%	629	555	4.033	2.072	3.182
Sevilla	16%	272	240	1.744	896	1.376
Valencia	21%	357	315	2.289	1.176	1.806
París	14%	238	210	1.526	784	1.204
		1.700	1.500	10.900	5.600	8.600

Tabla 4.6.

Llegados a este punto, el plan de ventas facilita al detalle el cálculo de los objetivos que por delegación y por canal deben tener a partir de la presencia de cada uno de los canales en cada una de las delegaciones, y que se podría desarrollar igualmente calculando las unidades vendidas tanto por delagación como por canal.

Sin embargo, este plan de ventas quedaría incompleto y será una herramienta poco útil si no incluyera todas las acciones, gastos e inversiones que la Dirección Comercial contempla hacer para la consecución de los resultados.

Aplicación de Acciones y Campañas Comerciales		
Catálogo	Semestral	(Enero-Septiembre)
Promociones	Cuatrimestral	(Febrero-Julio-Diciembre)
Publicidad local	Anual	Solo Junio
Internet	Mesual	Todos los meses
Ferias	A demanda	

Comisiones e incentivos comerciales	Mensuales	
Incentivos a la fuerza de ventas directa	Mensuales	
Descuentos y ayudas comerciales al C.I.	Mensuales	
Comercialización Canal Digital	Semanales	

Premios a la fuerza de ventas y distribución	Anual	Final de año
Convención anual de ventas	Anual	Septiembre

Estudios comerciales y relaciones públicas	Anual - A demanda

Tabla 4.7.

El siguiente cuadro detalla, por ejemplo, una posible aplicación, de las distintas partidas comerciales que tienen impacto en las ventas:

Este último cuadro frente al cuadro de ingresos en euros permitiría tener el resumen de todo el plan de ventas con el cual comparar los ingresos (ventas esperadas) frente a todas las acciones comerciales que se realizarán para el logro de estos:

CONCLUSIONES

El objetivo de este cuarto capítulo del proyecto que sirve como muestra de un proyecto de planificación comercial "paso a paso" ha sido mostrar cómo construir los diferentes cuadros que formarán parte finalmente de este plan de ventas.

En este capítulo, habremos ido viendo cómo construir las distintas tablas que lo conforman a partir de la cifra esperada de las ventas para un ejercicio y poco a poco se va desagregando hasta obtener un desglose de los objetivos por cada uno de los productos, en cada delegación, en cada canal de distribución y cada mes.

TABLA IV: Cronograma del Plan de Ventas

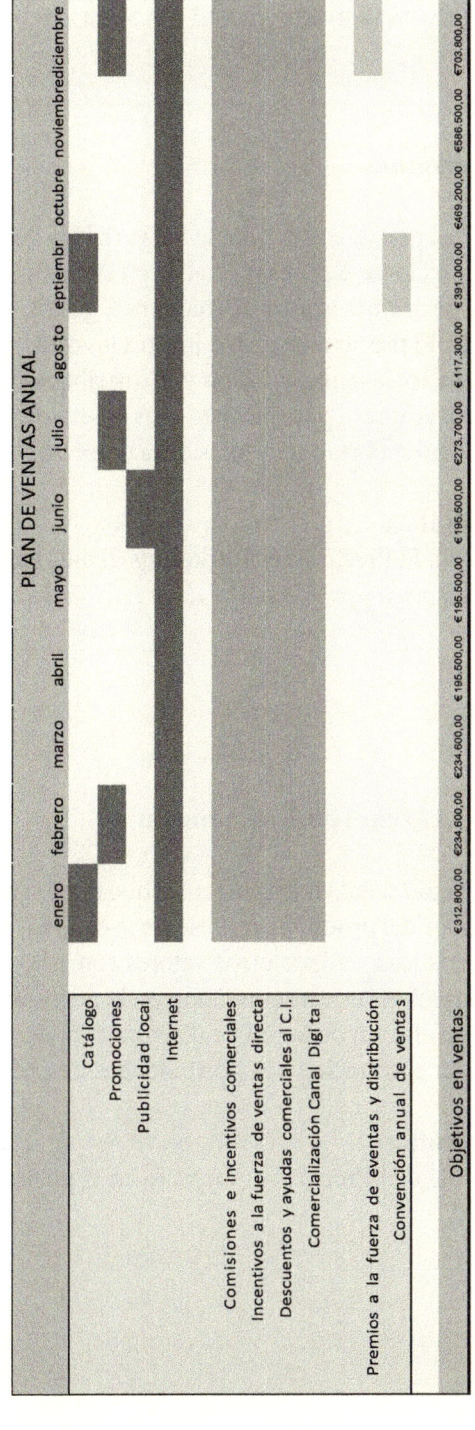

PLAN DE VENTAS ANUAL

	enero	febrero	marzo	abril	mayo	junio	julio	agosto	eptiembr	octubre	noviembre	diciembre
Catálogo												
Promociones												
Publicidad local												
Internet												
Comisiones e incentivos comerciales												
Incentivos a la fuerza de ventas directa												
Descuentos y ayudas comerciales al C.I.												
Comercialización Canal Digital												
Premios a la fuerza de eventas y distribución												
Convención anual de ventas												
Objetivos en ventas	€312.800,00	€234.600,00	€234.600,00	€195.500,00	€195.500,00	€195.500,00	€273.700,00	€117.300,00	€391.000,00	€469.200,00	€586.500,00	€703.800,00

El Precio en el Marketing

El artículo expone el precio como una de las variables del Marketing Mix. A través del precio las empresas establecen sus políticas de marketing en la toma decisiones acerca de márgenes, gastos, lista de precios, descuentos etc. El precio constituye, junto a las otras variables del marketing, el producto, la comunicación y la distribución, un instrumento que utiliza la empresa para alcanzar sus objetivos, que además deberán ser incluidas en el plan de ventas de la empresa.

Referencia bibliográfica
Bolívar, M. R. (2009). El Precio en el Marketing. *Temas para la Educación (revista digital para los profesionales de la Educación)*.

El Precio y su impacto en el posicionamiento

El autor de este artículo señala la importancia que tiene el precio como componente del valor del producto: representa la calidad, refuerza sus atributos y características y añade otros valores como la garantía o la imagen. El precio también es una condición en la negociación con los distribuidores y con el resto de la red de distribución, que a partir del precio puede evaluar el negocio y sus posibilidades de éxito.

Referencia bibliográfica
Gil-Casares, A. (2017). El Precio y su impacto en el posicionamiento. España: Prisma, S.L.

Efectividad de la promoción de ventas. Análisis comparativo para diferentes categorías de producto

Introducción

El siguiente artículo tiene como objetivo mostrar los resultados que se obtienen a partir de diferentes técnicas de promoción de ventas sobre el comportamiento de comprar de los consumidores. En el artículo se presentan los resultados que se obtienen a través de estas diferentes técnicas y la relación entre estas técnicas las características del producto y la preferencia sobre las marcas que tienen los consumidores. La promoción de ventas es un instrumento utilizado por fabricantes y detallistas que buscan siempre la respuesta favorable del consumidor.

Referencia bibliográfica
Álvarez, B., & Vázquez, R. (2004). Efectividad de la promoción de ventas. Análisis comparativo para diferentes categorías de productos. *Actas de XVI Encuentros de Profesores Universitarios de Marketing. Alicante.*

CAPÍTULO V. QUINTO PASO
EL PRESUPUESTO COMERCIAL

Introducción

El Presupuesto Comercial es la verdadera herramienta de control que toda la empresa y en particular la dirección comercial tiene para saber *cómo van las cosas*. Si se ha dicho que el Plan de Ventas es el integrador de toda la acción comercial, la herramienta que ahora se comienza a explicar es la que servirá para tomar la temperatura sobre la marcha de la acción comercial ya que no solamente en la gestión comercial importa vender, el cómo se hace y con qué márgenes y beneficio será fundamental para valorar la actividad y sus resultados.

Estas posibles valoraciones también llevarán consigo la consideración de diferentes escenarios y por tanto, la posibilidad de poner siempre en contexto el rendimiento de las ventas. Estos escenarios, desde luego ayudarán a la toma de decisiones

Palabras clave

Presupuesto comercial, controller, escenarios presupuestarios: base, optimista y pesimista.

Reto

A través del contenido de este capítulo estaremos en disposición de responder a cuestiones relacionadas con la importancia de esta herramienta de la gestión y de la planificación comercial que es el Presupuesto Comercial y que nos ayudarán a responder a preguntas cómo ¿qué papel tiene el Presupuesto Comercial? ¿por qué es necesario contemplar distintos escenarios presupuestarios? O ¿cómo se debe actuar ante una variación de las condiciones presupuestarias?

El Presupuesto Comercial al igual que el Plan de Ventas son herramientas documentales, es decir, que la planificación comercial elabora para que se pueda llevar a cabo el diagnóstico y posteriormente, tomar las decisiones oportunas que corresponden a la dirección comercial. Sin embargo, hay algunas diferencias entre sus misiones; el Plan de Ventas sirve como guía en el camino hacia los objetivos que la empresa se ha marcado e incluirá las respuestas a preguntas como: *"qué hay que vender"*, *"cuándo hay que hacerlo"*, y la pregunta del *"cuánto hay que vender"* es la pregunta principal a la cual responde el Plan de Ventas que tiene como misión proporcionar los objetivos, señalar ciertas pautas y acciones que la dirección y el equipo comercial tendrán que llevar a cabo durante el ejercicio planificado (generalmente un año, el año fiscal en el cual trascurre la actividad de una empresa).

Sin embargo, el Presupuesto Comercial, y que también está muy vinculado con los objetivos y las metas de un negocio, tiene la misión de no solo velar por el cumplimiento de las ventas e ingresos sino también por el cumplimiento en el margen (la diferencia entre los ingresos y los costes más los gastos en los que se incurren en la comercialización).

Hasta cierto punto, conseguir vender determinado número de productos o contrataciones podría llegar a ser no muy difícil, si simplemente se pudiera hacer con el precio que lo hiciera posible; sin embargo, y como se ha señalado en otro momento, los ingresos también están vinculados a las unidades monetarias por lo que tampoco el precio podría reducirse tanto ya que esa decisión llevaría consigo no cumplir con el ingreso financiero previsto.

Sin embargo, habría otras posibles decisiones que la dirección comercial podría tomar *"sin ser visto"* si no fuera por el presupuesto comercial. Teniendo en cuenta que los gastos comerciales son las palancas que la dirección comercial puede usar para impulsar su actividad: campañas de publicidad, promociones, incentivos, etc..., pero, la cuestión sería ¿hasta dónde? ¿qué importes podría llegar a gastar la dirección comercial para impulsar las ventas? Pues bien, las respuestas a estas preguntas las daría el Presupuesto Comercial.

El Presupuesto Comercial es una herramienta de control cuya misión es doble: por una parte, como el Plan de Ventas, permite hacer el seguimiento de los ingresos comparándolos con los objetivos establecidos y por tanto con la capacidad para evaluar la marcha de las ventas, y por otro, realiza también el seguimiento de los costes y los gastos comerciales cuya diferencia ya conocemos como MARGEN COMERCIAL:

MARGEN COMERCIAL = INGRESOS – (COSTES Y GASTOS COMERCIALES)

Por lo tanto, la estructura que se busca tener en cualquier presupuesto es, por un parte los ingresos, en términos monetarios, y por otra, los costes y gastos comerciales, y cuya diferencia será la magnitud del margen comercial. Y ¿cuál es la importancia del margen comercial? ¿Puede llegar a ser incluso más importante que los propios ingresos? La respuesta es que sí, puesto que se puede dar la situación en la que el cumplimiento de los objetivos de los ingresos no fuera suficiente para evaluar como positiva la marcha comercial. Si nuevamente preguntáramos si esto es posible, la respuesta otra vez sería una afirmación; si el cumplimiento de los ingresos viniera acompañado por unos excesivos costes y gastos comerciales, el margen comercial se reduciría y esto, desde luego, podría en riesgo el resultado final del ejercicio de la empresa. Realmente éste debe ser la meta final de la gestión de cualquier negocio: el beneficio, el cual parte de los ingresos que la empresa consigue y cuya primera evaluación será el **margen comercial de las ventas**.

La estructura del presupuesto deberá plantearse de tal forma que el seguimiento del margen comercial resulte rápido y sencillo de obtener puesto que la información que proporciona tiene mucho valor para la gestión y la planificación comercial. Por esto, lo más conveniente será plantear por una parte los ingresos y por otra la suma de los costes y gastos comerciales, también periodificados y distribuidos en el tiempo para poder realizar el seguimiento en cada momento y el resultado acumulado que se consigue a lo largo del ejercicio.

Una de las principales utilidades del Presupuesto Comercial será la comparación de la realidad con la previsión. La gestión de cualquier empresa se basa en cierta manera en la proyección futura de los resultados, es decir las empresas necesitan realizar proyecciones futuras que les permitan visionar su futuro. Estas visiones son las que siempre se han asociado a los diferentes plazos que las empresas manejan: el corto, el medio o el largo. Sin estas previsiones las empresas no podrían plantearse ni estrategias, ni inversiones, ni siquiera la rentabilidad que querrían ofrecer a sus socios y accionistas.

Estas previsiones quedarán reflejadas siempre a través del presupuesto y que en el caso del área comercial es el Presupuesto Comercial, **cuyo alcance suele ser de un año** (más adelante, en esta misma lectura, se hablará sobre la periodificación y los plazos de control que deben tenerse en cuenta en el seguimiento presupuestario) y la información y los datos que en él están reflejadas serán siempre comparados con la realidad de los resultados obtenidos, esperándose siempre que la realidad sea lo más parecido a lo que el presupuesto contiene, tanto en la parte de los ingresos como en la parte de los gastos y costes comerciales, cuya diferencia sería el ya citado margen comercial.

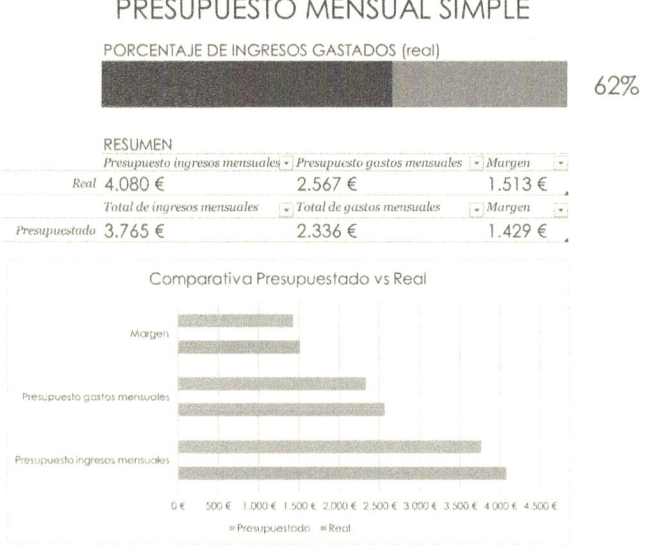

Figura 5.1.
Fuente: Elaboración propia. Hoja base de Excel – Microsoft Office

98

Como se aprecia la figura 5.1, la tabla recoge tanto los resultados obtenidos como los resultados esperados o presupuestados y en la tercera columna se obtendría el margen o diferencia que hay entre ambos y pudiéndose observar en la gráfica, al igual que en la tabla las diferencias que hay entre las magnitudes comparadas, que da lugar a las desviaciones presupuestarios, las cuales abordamos a continuación.

DESVIACIONES PRESUPUESTARIAS

Una de las utilidades que tiene el Presupuesto Comercial es la posibilidad de visualizar fácilmente las desviaciones que hay entre lo presupuestado y lo real. Estas desviaciones podrán estar referidas a determinados intervalos de tiempo o podrían ser desviaciones acumuladas.

La desviación en un intervalo de tiempo es la diferencia que tanto los ingresos como los gastos reales tienen con sus objetivos, y podrán ser, tanto positivas como negativas. Se considera que las desviaciones positivas son aquellas que indican que los resultados que se estarían obteniendo son mejores que lo que se había previsto, es decir las ventas están siendo mayores, mientras que los gastos estarían siendo inferiores a los establecidos como referencia. **Este comportamiento positivo tiene que ver por tanto con una mejora del margen comercial.**

Por el contrario, las desviaciones negativas que se observarían en el presupuesto comercial serían aquellas que ocurren cuando los ingresos por ventas quedan por debajo de lo esperado o los gastos y costes comerciales han sido superiores a lo estipulado en el presupuesto. Cualquiera de las dos situaciones será negativa para el margen comercial, que recordemos, en última instancia es lo que la gestión comercial debe intentar mantener o mejorar, en cualquier caso.

Estas desviaciones tal y como se muestra en las siguientes tablas se pueden expresar a través de sus valores enteros (positivos o negativos), restando a las cantidades reales las cantidades presupuestadas, o en porcentajes, como el tanto por ciento de lo que representa el incremento de la mejora respecto a las cantidades presupuestadas. Ambas formas tienen su utilidad; en el caso de la expresión en unidades monetarias se tendrá una información en términos absolutos de lo que supone esta mejora en términos financieros, pues esta cifra seguramente tendrá una influencia directa en la mejora de otras dimensiones financieras como el futuro beneficio (la mejora del margen), la liquidez (la mejora de los ingresos o la cuenta de clientes) y otras cuentas relacionadas con los gastos y los pasivos (la mejora de los gastos y los costes comerciales). Por otro lado, la expresión de estos resultados en porcentaje da una información sobre la dimensión de la mejora de estos indicadores y que según se observa en la siguiente tabla, la mejora porcentual del margen no se corresponde ni con la media, ni con la suma, etc. de ninguna de las otras dos mejoras expresadas en porcentaje. Este es un aspecto que merece ser resaltado para no inducir a error al respecto.

	Presupuesto ingresos mensuales	Presupuesto gastos mensuales	Margen
Real	4.080 €	2.567 €	1.513 €
	Total de ingresos mensuales	Total de gastos mensuales	Margen
Presupuestado	3.765 €	2.336 €	1.429 €
Desviacion presupuestaria	315 €	231 €	84 €
Desviacion presupuestaria (%)	8,4%	9,9%	5,9%

Tabla 5.1
Desviaciones presupuestarias mensuales

PERIODOS PRESUPUESTARIOS

Además de la fotografía que el Presupuesto Comercial permite captar en un determinado intervalo de tiempo (año, trimestre, mes, etc.) esta herramienta de control también permite acumular estos resultados a lo largo de los periodos que cubre el presupuesto. Es decir, el Presupuesto Comercial o este control presupuestario permitirá ir viendo la evolución de estas desviaciones a la vez que permite disponer de ese dato en el momento que se precisa. Por tanto, el presupuesto no es una sola imagen, sino que es toda una sucesión de fotogramas que permiten contemplarlo como si de una película se tratara, incluso previendo el posible comportamiento en el futuro más inmediato a partir de la interpretación de las tendencias.

El primer paso para esta ejecución presupuestaria será el establecer los periodos de seguimiento y control que la empresa estimará imprescindible tener. Las empresas, como bien sabemos, consideran el año como el periodo que marca un ejercicio o ciclo de gestión, luego es el periodo que una empresa se da para valorarse a sí misma y *juzgarse*. Una vez al año se presentan las cuentas y los balances, una vez al año se realiza la liquidación fiscal y una vez al año, generalmente, se decidirá qué beneficios se reparten los socios, luego tendrá mucho sentido considerar que el presupuesto y su ejecución comercial debe estar planificada también para un año.

Pero no tendría mucho sentido que ese horizonte temporal no tuviera metas intermedias. Como ya se ha mencionado en alguna otra ocasión, el comportamiento de los mercados ni es uniforme ni es constante; por el contrario, tiene sus altibajos y muchos sectores están sujetos a comportamientos estacionales vinculados a la propia sociología y comportamientos que tenemos los seres humanos. Esto nos lleva a tener que considerar periodos de tiempos más cortos que el año, inicialmente considerado como el periodo de tiempo que se adapta a la valoración y al resultado final. Será imprescindible plantear el presupuesto en periodos como son los trimestres, los meses o incluso las semanas, que permita el seguimiento del comportamiento de los ingresos, los costes y los gastos comerciales al cabo de estos periodos de tiempo.

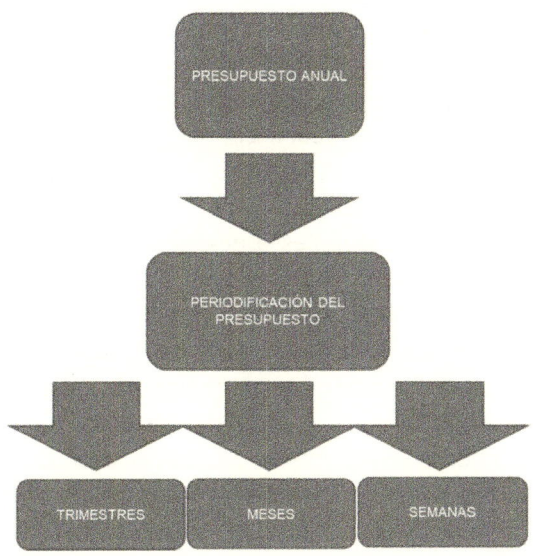

Figura 5.2. Periodificación del Presupuesto Comercial
Fuente: Elaboración propia

Esta periodificación será la que permitirá disponer de las desviaciones correspondientes en diferentes intervalos de tiempo (trimestres, meses o semanas) pero que al mismo permite disponer del acumulado. Es decir, el valor de la desviación que se obtiene mes a mes, con respecto a la desviación de todo el ejercicio, la desviación anual terminará siendo el acumulado de los doce meses. Igualmente, se puede decir que la desviación trimestral es el acumulado de los meses que lo integran, o la desviación mensual, será el acumulado de sus semanas. Por lo tanto, la desviación no solo es una fotografía en un momento preciso, sino una sucesión de imágenes que permitirá ver el resultado final.

Escenarios del presupuesto

El seguimiento de las diferentes imágenes que el control presupuestario proporciona permite que esta herramienta sea algo dinámico, permita interpretar la marcha de los resultados y facilite la toma de decisiones. Esto será parte de la labor que tendrán que desempeñar los *"controller"* que manejan los presupuestos comerciales y que también tienen la responsabilidad que esta herramienta de control y seguimiento sea útil para la gestión y no un argumento para el enfrentamiento entre las diferentes áreas de una compañía, principalmente finanzas contra comercial y viceversa.

Para evitar precisamente estos desencuentros, todas las partes implicadas en una empresa deben contemplar la revisión continua del presupuesto para adaptarlo a la realidad a la vez que debe ser siempre una herramienta útil con respecto a la realidad. ¿Y qué significa hacer estas consideraciones? Pues bien, se puede decir que tan negativo como no cumplir los objetivos de ingresos inicialmente previstos, puede ser realizar una mala previsión de estos objetivos, es decir, que la planificación comercial no haya sido capaz de aportar un buen presupuesto comercial para que pueda considerarse como una guía. Esta es la razón por la cual será conveniente que todo presupuesto comercial contemple diferentes escenarios. Además de un escenario de partida o **escenario base,** los planificadores y la dirección comercial deberá proponer otros escenarios: **escenarios optimistas o positivos** que contemplen un comportamiento de los ingresos y gastos comerciales mejor que lo que inicialmente se estaría previendo y **escenarios pesimistas o negativos** que fueran el resultado de circunstancias cuyo comportamiento fuera peor que el previsto en unas circunstancias de partida.

Con la siguiente gráfica explicaremos la construcción de estos posibles escenarios a partir de un eje de coordenadas XY en el cual, los costes y gastos comerciales se representan en el eje X y los ingresos en el Y.

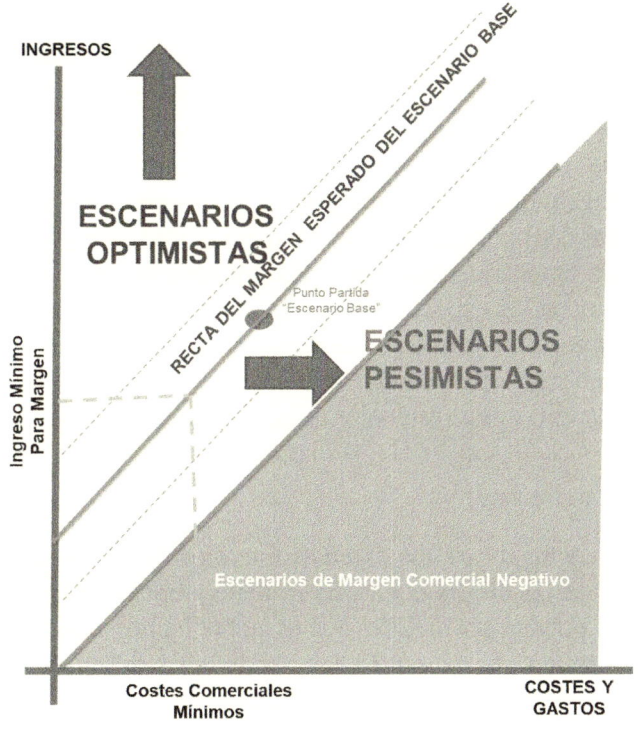

Figura 5.3. Escenarios presupuestarios
Fuente: Elaboración propia

ESCENARIO BASE

Este escenario será el que contenga el punto o escenario base del presupuesto, es decir aquel que contiene los ingresos y costes esperados, y todos los puntos que forman parte de la recta paralela a la recta Y=X (bisectriz de la gráfica) representarán también un mismo margen comercial. Quiere esto decir que si los ingresos aumentarán

103

N unidades monetarias (que no en porcentaje) y los gastos y costes también lo hicieran en la misma cantidad, también N unidades, el margen seguirá siendo el mismo. Lo mismo sucedería si los ingresos disminuyesen en otra cantidad N' y los gastos e ingresos también, el margen seguirá siendo el mismo.

Se podría asegurar sin riesgos a equivocarnos que la realidad sin embargo no es esa, cuando los ingresos crecen, los costes y gastos no suelen hacerlo en la misma cantidad; y cuando los ingresos decrecen, ni mucho menos los costes y los gastos decrecerán en la misma cantidad. Por ello, se propone que a partir de este escenario base y su recta $Y=X+I0$, otros posibles escenarios muy próximos al escenario base que están delimitados por las dos rectas paralelas discontinuas que se han trazado, delimitarán los posibles resultados que seguirán aportando un margen comercial aceptable. Esto quiere decir que aquellos puntos que quedaran ubicados entre estas dos líneas paralelas podrían ser considerados como parte del escenario base y que, por tanto, dándolos por buenos, se estarían cumpliendo con las expectativas que la empresa tiene sobre el margen. Sin embargo, esto tampoco suele ser suficiente y hay que tener previsto que pueden seguir pasando muchas cosas que afectan al comportamiento de las ventas y los resultados de las empresas.

Vayamos en primer lugar con los escenarios optimistas, los cuales serán situaciones en las cuales la empresa puede empezar a prever que los resultados pueden ser mejores que lo que se ha previsto. Esto ocurre cuando aumenta la demanda, las condiciones del mercado son favorables, los costes de producción disminuyen y alguna circunstancia más. Estas situaciones se detectan cuando los ingresos empiezan a aumentar y claramente el punto que hemos representado como punto de partida del escenario base se empieza a situarse siempre por encima de la recta que está por encima de la recta del margen esperado $Y=X+I_0$ y que significará siempre que el margen que se está consiguiendo con la actividad comercial es mayor al del escenario base. También para estar en esta zona, puede ocurrir que los ingresos no varíen e incluso pudieran disminuir ligeramente, pero si los costes disminuyeran bastante, el margen comercial se desplazaría hacia la izquierda desde el Punto de Partida del Escenario Base hacia la izquierda quedando por encima de la recta del margen esperado.

Igualmente, que podrían aumentar los ingresos sin que los costes y gastos comerciales crezcan mucho, lo contrario también es posible e incluso más crítico a la hora de su control ya que esta circunstancia lleva consigo la reducción del margen comercial y por lo tanto unas perspectivas peores en cuanto a los resultados que finalmente se puedan obtener.

Los escenarios, en este caso, negativos estarán más limitados que los optimistas pues si el incremento ilimitado de los ingresos siempre traerá un horizonte bueno, los costes y gastos no pueden decrecer ilimitadamente ni los ingresos disminuir; estas circunstancias tienen la clara limitación que el ingreso nunca puede ser menor que el coste más los gastos comerciales, que llevaría consigo situar el punto del margen por debajo de la recta $Y=X$ y en la zona identificada como margen comercial negativo. Pero incluso antes de llegar a esta situación las empresas deben contemplar que ya están en zonas de escenarios negativos, y serían cuando el punto del margen se encuentra por debajo de la recta inferior que marcaría la banda de los escenarios bases.

Comercialmente no es muy apropiado hablar de puntos de no retorno o situaciones irreversibles, pero es conveniente advertir que el margen comercial no es suficiente que esté por encima de la recta $Y=X$ puesto que el margen tiene como fin ser el *"colchón"* financiero que la empresa tendrá para absorber todas las cargas operativas y financieras que vienen después de las cargas comerciales. Luego, puede que estar por debajo de la banda inferior y cerca del margen cero sea una situación muy preocupante para la empresa que se encuentre en esa situación.

Conclusiones

El Presupuesto Comercial es una herramienta de control y seguimiento del desempeño comercial, que como tal facilitará la toma de decisiones teniendo en cuenta que se manejan las dos dimensiones principales de la gestión: los ingresos por una parte y por la otra, los costes y los gastos comerciales. Como consecuencia de este seguimiento, surge la magnitud del margen comercial, que será el preámbulo del resultado final de la empresa.

Los responsables de la planificación comercial y en concreto las figuras de los *"controller"* serán los que pondrán mayor empeño en la elaboración y en el útil manejo de esta herramienta. Esto llevará consigo que se puedan llegar a diferentes escenarios y que también se pueda plantear la evolución del margen conforme cambian las condiciones de mercado, pues el Presupuesto Comercial busca ser un elemento útil para las ventas a la vez que asegurar que los resultados de la empresa se pueden conseguir.

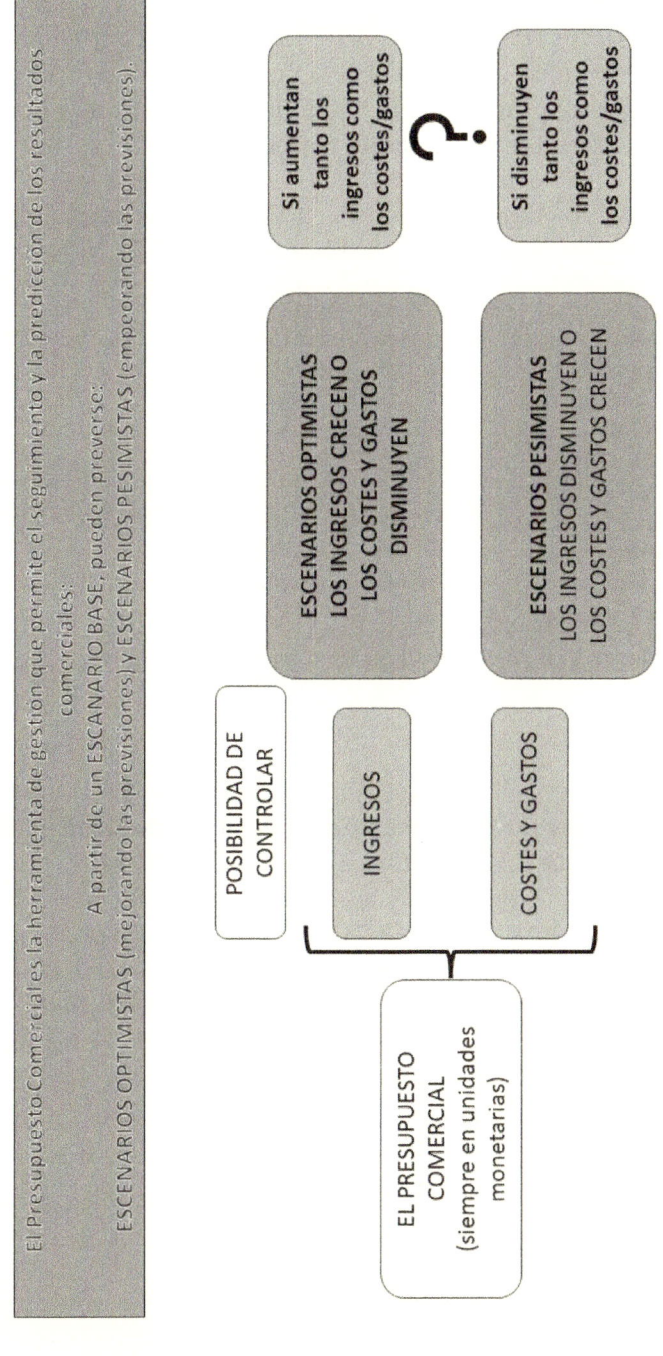

El Presupuesto Comercial es la herramienta de gestión que permite el seguimiento y la predicción de los resultados comerciales:

A partir de un ESCENARIO BASE, pueden preverse:

ESCENARIOS OPTIMISTAS (mejorando las previsiones) y ESCENARIOS PESIMISTAS (empeorando las previsiones).

EL PRESUPUESTO COMERCIAL (siempre en unidades monetarias)

POSIBILIDAD DE CONTROLAR

INGRESOS

COSTES Y GASTOS

ESCENARIOS OPTIMISTAS
LOS INGRESOS CRECEN O LOS COSTES Y GASTOS DISMINUYEN

ESCENARIOS PESIMISTAS
LOS INGRESOS DISMINUYEN O LOS COSTES Y GASTOS CRECEN

Si aumentan tanto los ingresos como los costes/gastos

Si disminuyen tanto los ingresos como los costes/gastos

APLICACIÓN PRÁCTICA DEL PASO 5

A partir de los resultados de 2017, 3.257.909, 00 €, Epsylom ha pre-supuestado un incremento del 20% de sus ingresos para el siguiente año, lo que ello supone 3.910.000 € que se repartirán a lo largo de 2018 de acuerdo con la siguiente periodificación:

	2017		2018	Variación	%
Ingresos	3.257.909,00 €		3.910.000,00 €	652.091,00 €	20,02%
		%			
enero		8%	312.800,00 €		
febrero		6%	234.600,00 €		
marzo		6%	234.600,00 €		
abril		5%	195.500,00 €		
mayo		5%	195.500,00 €		
junio		5%	195.500,00 €		
julio		7%	273.700,00 €		
agosto		3%	117.300,00 €		
septiembre		10%	391.000,00 €		
octubre		12%	469.200,00 €		
noviembre		15%	586.500,00 €		
diciembre		18%	703.800,00 €		
			3.910.000,00 €		

Tabla 5.1

En 2017, los gastos y costes de productos supusieron el 71,5% de los ingresos que Epsylom tuvo, es decir: 2.329.404,94 €

Los costes del producto y los gastos comerciales que se han estimado para el 2018 suponen 2.737.000 €, según se explicó en el capítulo 3 de este mismo proyecto (Los Costes y los Gastos Comerciales), que suponen un 70% de los ingresos. Esta cifra de los costes y gastos se han estimado a partir también de las cifras que se ha manejado en el 2017.

Costes de Producto: 1.71.849,95 €
Gastos Comerciales: 537.554,99 €
Total, de Costes y Gastos Comerciales: 2.329.404,94 €, que supone un margen comercial de 928.505,07 € (28,5%).

A partir del margen comercial obtenido en 2017, Epsylom ha fijado un objetivo de margen comercial del 30% como meta para este ejercicio el cual se podría conseguir con las cifras anteriormente reseñadas:

Ingresos – Ventas: 3.910.000 €
Costes de Producto: 2.000.000 €
Gastos Comerciales: 737.000 €
Margen Comercial: 30%

Presupuesto comercial - ESCENARIO BASE			
	2017	**2018**	**Variación**	**%**
Ingresos	3.257.909,00 €	3.910.000,00 €	652.091,00 €	20,02%
		%		
Costes de Producto	1.791.849,95 €	2.000.000,00 €	208.150,05 €	11,6%
Gastos Comerciales	537.554,99 €	737.000,00 €	199.445,02 €	37,1%
Total Costes y Gastos	2.329.404,94 €	2.737.000,00 €	407.595,07 €	17,5%
Margen Comercial	928.504,07 €	1.173.000,00 €		
Margen Comercial (%)	28,5%	30,0%		

A partir de estos datos, la planificación comercial ha elaborado un cuadro de escenarios en el cual se combinan desviaciones tanto positivas como negativas en ingresos y gastos totales. Como los gastos comerciales dependen de decisiones internas y de acuerdo con la marcha de los resultados y a la respuesta que se obtiene del mercado, no se van a considerar desviaciones. Por tanto, solo se van a considerar variaciones en los costes comerciales, que pueden venir motivadas por el cambio de los precios de las materias primas u otros cambios exógenos a la empresa.

Variación de ingresos y costes comerciales para el cálculo de los escenarios.
Incremento de los Ingresos 20% - Incremento de los Costes 15% (Escenario A)
Decremento de los Ingresos 20% - Decremento de los Costes 15% (Escenario B)
Incremento de los Ingresos 15% - Incremento de los Costes 20% (Escenario C)
Decremento de los Ingresos 15% - Decremento de los Costes 20% (Escenario D)

	ESCENARIO A	ESCENARIO B	ESCENARIO C	ESCENARIO D
MARGEN COMERCIAL	35,3%	22,1%	32,2%	29,7%

De lo cual se puede deducir que el incremento de los ingresos, es decir una marcha de los ingresos por encima de lo presupuestado y si los costes del producto no crecen mucho, favorecerá siempre el margen comercial, cosa que no ocurre si hay un descenso de los ingresos. Un descenso de los costes difícilmente mejorará el margen comercial y empeorará en la medida que el descenso de los ingresos sea mayor que el descenso de los costes.

En cuanto a la mensualización e imputación de los gastos y de los costes comerciales se ha optado por repartir los costes de acuerdo con la periodificación de las ventas y los gastos comerciales (publicidad, comisiones, incentivos, etc.), se ha repartido mensualmente, resultando el siguiente cuadro de seguimiento presupuestario mensual:

PRESUPUESTO DE INGRESOS Y TOTAL DE GASTOS MENSUALIZADOS

	%	ingresos	costes de producto	gastos comerciales	total gastos
enero	8%	312.800,00 €	160.000,00 €	61.416,67 €	221.416,67 €
febrero	6%	234.600,00 €	120.000,00 €	61.416,67 €	181.416,67 €
marzo	6%	234.600,00 €	120.000,00 €	61.416,67 €	181.416,67 €
abril	5%	195.500,00 €	100.000,00 €	61.416,67 €	161.416,67 €
mayo	5%	195.500,00 €	100.000,00 €	61.416,67 €	161.416,67 €
junio	5%	195.500,00 €	100.000,00 €	61.416,67 €	161.416,67 €
julio	7%	273.700,00 €	140.000,00 €	61.416,67 €	201.416,67 €
agosto	3%	117.300,00 €	60.000,00 €	61.416,67 €	121.416,67 €
septiembre	10%	391.000,00 €	200.000,00 €	61.416,67 €	261.416,67 €
octubre	12%	469.200,00 €	240.000,00 €	61.416,67 €	301.416,67 €
noviembre	15%	586.500,00 €	300.000,00 €	61.416,67 €	361.416,67 €
diciembre	18%	703.800,00 €	360.000,00 €	61.416,67 €	421.416,67 €
		3.910.000,00 €	2.000.000,00 €	737.000,00 €	2.737.000,00 €

En las siguientes tablas, también podemos ver los cálculos realizados para el cálculo de los escenarios:

Presupuesto comercial - ESCENARIO A

	2017	2018	Variación	%
Ingresos	3.257.909,00 €	4.692.000,00 €	1.434.091,00 €	44,02%
	%			
Costes de Producto	1.791.849,95 €	2.300.000,00 €	508.150,05 €	28,4%
Gastos Comerciales	537.554,99 €	737.000,00 €	199.445,02 €	37,1%
Total Costes y Gastos	2.329.404,94 €	3.037.000,00 €	707.595,07 €	30,4%
Margen Comercial	928.504,07 €	1.655.000,00 €		
Margen Comercial (%)	28,5%	35,3%		

Presupuesto comercial - ESCENARIO B

	2017	2018	Variación	%
Ingresos	3.257.909,00 €	3.128.000,00 € -	129.909,00 €	-3,99%
	%			
Costes de Producto	1.791.849,95 €	1.700.000,00 € -	91.849,95 €	-5,1%
Gastos Comerciales	537.554,99 €	737.000,00 €	199.445,02 €	37,1%
Total Costes y Gastos	2.329.404,94 €	2.437.000,00 €	107.595,07 €	4,6%
Margen Comercial	928.504,07 €	691.000,00 €		
Margen Comercial (%)	28,5%	22,1%		

Presupuesto comercial - ESCENARIO C

	2017	2018	Variación	%
Ingresos	3.257.909,00 €	4.496.500,00 €	1.238.591,00 €	38,02%
	%			
Costes de Producto	1.791.849,95 €	2.400.000,00 €	608.150,05 €	33,9%
Gastos Comerciales	537.554,99 €	737.000,00 €	199.445,02 €	37,1%
Total Costes y Gastos	2.329.404,94 €	3.137.000,00 €	807.595,07 €	34,7%
Margen Comercial	928.504,07 €	1.359.500,00 €		
Margen Comercial (%)	28,5%	30,2%		

Presupuesto comercial - ESCENARIO D

	2017	2018	Variación	%
Ingresos	3.257.909,00 €	3.323.500,00 €	65.591,00 €	2,01%
	%			
Costes de Producto	1.791.849,95 €	1.600.000,00 € -	191.849,95 €	-10,7%
Gastos Comerciales	537.554,99 €	737.000,00 €	199.445,02 €	37,1%
Total Costes y Gastos	2.329.404,94 €	2.337.000,00 €	7.595,06 €	0,3%
Margen Comercial	928.504,07 €	986.500,00 €		
Margen Comercial (%)	28,5%	29,7%		

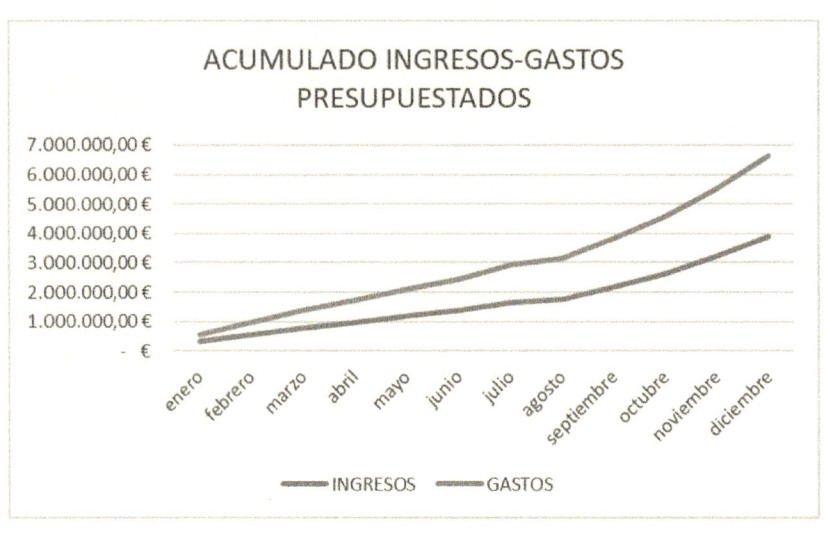

Conclusiones

El objetivo de este quinto capítulo del proyecto que sirve como muestra de un proyecto de planificación comercial "paso a paso" ha sido mostrar cómo construir el presupuesto comercial y los diferentes escenarios que el planificador debe contemplar.

En este capítulo, habremos ido viendo cómo construir este presupuesto, teniendo en cuenta que lo transcendente del presupuesto como herramienta de gestión no es la fotografía o imagen de cada instante, sino la proyección que de los resultados futuros se pueda hacer. Es decir, el control del presupuesto a lo largo de un año, lo que va a permitir va a ser adelantar los futuros resultados finales, y por tanto facilitar la toma de decisiones. Estas decisiones serían expansivas, en función de los escenarios optimistas o mejores de lo previsto, o restrictivas si tienen que hacer frente a los escenarios pesimistas o por debajo de lo que se había previsto, que podrían estar ocurriendo.

La Función del Controller: aspectos clave y errores frecuentes

El artículo da respuestas a través de las experiencias profesionales de su autor a preguntas como, cuál es el objetivo y las funciones principales del controller; cuáles son los aspectos clave de cada una de las funciones que desempeñan los controller, cuáles son los errores más frecuentes en su desarrollo y cuál es el perfil profesional ideal que debe tener un controller.

Referencia bibliográfica
Diaz Balsa (2018): "La Función del Controller: aspectos clave y errores frecuentes". *Associació Catalana de Comptabilitat i Direcció.*

Del Controller financiero al Controller del negocio. Claves para convertirnos en acreditados generadores de valor

El artículo corresponde al texto de una conferencia en la cual se destacan algunas de las características que los Controller deben poseer hoy. Deben ser unos buenos conocedores del negocio y del sector en el cual se desempeñan como Controller, lo cual los ha llevado a estas figuras a desempeñar cargos importantes en los comités de dirección de las empresas. Hoy se puede decir que los Controller desempeñan papeles fundamentales en el control anticipativo de escenarios de crisis como los que se han vivido: crisis financiera o crisis del COVID-19.

Referencia bibliográfica
Carlos Mallo (s.f.): Del Controller financiero al Controller del negocio. Claves para convertirnos en acreditados generadores de valor. Global Chartered Controller Institute - Presidente de Honor.

Marketing en tiempos de crisis generado por la COVID-19

La pandemia del COVID19 ha sido el acontecimiento que mayor impacto ha tenido en la economía mundial desde la II Guerra Mundial. El largo confinamiento y el cierre de industria y comercio trajo consigo un cambio en los comportamientos de los consumidores que nos llevó a utilizar masivamente el comercio electrónico. Desde el punto de vista del análisis presupuestario comercial, este escenario claramente negativo también trajo consigo alguna oportunidad.

Referencia bibliográfica

Suárez, J., Labrador, H. E., & Suarez, A. S. (2020). Marketing en tiempos de crisis generado por la COVID-19. *Revista espacios, 41*(42), 201-205.

CAPÍTULO VI. SEXTO PASO
PROCESOS COMERCIALES Y DE VENTA

Introducción

La actividad comercial, basada fundamentalmente en la venta, no debe basarse solo en la relación cliente/consumidor-empresa. La venta es la culminación de una serie de actividades que se deberán realizar antes que el cliente decida comprar, sobre todo en modelos comerciales B2B (empresa vende a empresa) y también tras la compraventa, que en muchos casos se requieren servicios postventa.

Todas las empresas, pequeñas o grandes deberían reparar en la importancia que tienen los clientes, fuente de sus ingresos y por tanto de viabilidad y rentabilidad. Para ello, es fundamental comenzar con la pregunta ¿qué aprecia el cliente? A partir de esta pregunta, las empresas deberán plantear la venta como un servicio integral al cliente en tres etapas: la preventa, la venta y la postventa, que también lleva consigo contemplar todo el proceso comercial como un proceso de valor dentro de las empresas y que aportará valor al cliente finalmente o la larga.

Palabras clave

Procesos comerciales, servicios, venta y comercialización, preventa y postventa.

Reto

A través del contenido de este capítulo estaremos en disposición de responder a cuestiones relacionadas con la importancia que tienen los procesos para la actividad comercial, pudiendo responder a preguntas como ¿qué impacto tienen los procesos comerciales en el desempeño de la organización comercial? ¿quiénes deben diseñar los procesos comerciales? O ¿pueden basarse todos los modelos comerciales en una gestión por procesos?

Descubrir lo que realmente le seduce a un cliente debería ser la primera tarea que llevaran a cabo, conjuntamente, los departamentos de marketing y ventas. Más allá de los atributos del producto, hay siempre un "algo más" que decanta las decisiones de compra de los clientes, de un lado a otro, en favor de una u otra marca. En ocasiones puede ser el servicio integral que la empresa ofrece a sus clientes durante la comercialización y el posterior servicio lo que influye en esta decisión: a esto último es a lo que llamaremos el **servicio de la venta, incluyendo la postventa.**

Como si fuera el chequeo de una lista, las empresas deberían revisar todos aquellos factores que afectan a la percepción del cliente. Por ejemplo, tal y como muestra la siguiente tabla, el proceso de comercialización de cualquier producto o servicio debería ir precedido de un estudio en el que se detecten aquellas cuestiones a las que los clientes sean más sensibles o den un mayor valor. Imaginemos que este resultado para un producto cualquiera llegara a ser el siguiente:

	Sí	No
Sensible a los atributos de compra	X	
Sensible al precio		X
Sensible a la garantía de calidad	X	
Sensible al servicio de venta	X	

Tabla 6.1. Sensibilidad del mercado respecto a las características de un producto

Estos resultados, que se pueden obtener a través de estudios de mercado, nos dan una información valiosa a partir de la cual construir una propuesta de valor tanto para el cliente como para la empresa. Se trata de que el cliente quede satisfecho a la vez de que la empresa obtiene un rendimiento a su esfuerzo. Es importante resaltar esto, ya que nunca sería bueno dedicar recursos para potenciar aspectos que no son apreciados por el cliente. Por ello, ¿por qué habríamos de preocuparnos de tener un equipo de postventa si para el cliente eso no es apreciable? La empresa debe focalizarse, sobre todo, en aquellos recursos que realmente son apreciados y generan valor al negocio, eliminando aquellos que no sean apreciados o que no aporten ningún beneficio al mismo.

Para el comprador de un coche de lujo, probablemente el precio no sea el factor que más influya en su decisión de compra. Pensará también en otros aspectos: que en caso de avería el coche sea atendido rápidamente, o que pueda disponer de un coche de sustitución con relativa facilidad. Hay empresas que han conseguido hacer de su propuesta de valor todo un posicionamiento. El Corte Inglés (empresa de *retailing* de grandes almacenes, líder en España), por ejemplo, con su propuesta "… y si no queda satisfecho le devolvemos su dinero…"; tuvo en su día una referencia para todos sus clientes. Estos, cuando lo asumen, hacen uso de ella, y saben que, comprando en estos establecimientos, sin ningún reproche podrán devolver la mercancía adquirida sin que nadie les interrogue. Probablemente El Corte Inglés sea un ejemplo bastante paradigmático y que ilustra muy bien lo que queremos decir.

Por tanto, y en cuanto a lo que se refiera a la garantía de calidad, debemos apuntar que esta crece con el valor del producto o del servicio. La globalización y la competencia obligan a la mejora continua de los servicios de venta, y esta se convierte en una actividad, la venta, donde las empresas pueden y deben desarrollar toda su creatividad. Cuando se adquiere un bien de consumo y se comprueba que no funciona como debería, al consumidor le vale que lo pueda devolver al instante, pero no ocurre lo mismo cuando los bienes adquiridos tienen un valor mayor. ¿Qué ocurriría si Hewlett Packard utilizase la misma propuesta de valor que El Corte Inglés? Probablemente HP perdiera su credibilidad al instante puesto que la promesa de devolver todo si no se está satisfecho con la compra podría ir en contra de la propia garantía del producto.

PROCESOS Y SERVICIOS

Históricamente siempre se ha asociado el término proceso a lo industrial ya que es una secuencia de actividades o tareas cuya visualización resulta más fácil de ver en los ámbitos de la fabricación; por ejemplo, una cadena de producción o como propiamente indica su nombre, un proceso químico. En estos procesos productivos es fácil identificar, aunque su diseño, montaje y diseño sea realmente complejo, las diferentes tareas y actividades que son necesarias realizar para obtener el resultado final. Para que una determinada máquina salga de la fábrica o para que un producto químico salga elaborado de su planta, requieren combinaciones de elementos y materias primas muy precisas, que a través de subprocesos terminarán produciendo aquel producto. Los dos ejemplos habrán sido el resultado de una secuencia de actividades y tareas que, además, se habrán tenido que llevar a cabo, todas ellas, siempre en el mismo orden.

Hemos señalado este último aspecto porque es la clave para entender que es un proceso, y, sobre todo, para entender su fin y las ventajas que tiene para la gestión. Nuevamente mirando a nuestra factoría o centro producción en la que se elaboran automóviles nadie entendería que la actividad de la pintura se realizara sin haber ensamblado previamente los elementos de la carrocería o que el acabado de los interiores se realizara sin haber realizado la instalación de los elementos eléctricos y electrónicos del vehículo. Es decir, todo siempre debe llevar un cierto orden y sin alteración posible.

Ejemplos similares podríamos poner con muchas otras cosas que se fabrican y que se crean en las fábricas, y que como antes hemos mencionado, muchos de estos ejemplos serían fáciles de entender como son los productos químicos: el amoniaco, el ácido sulfúrico, el cemento, la cal, etc., para los cuales es imprescindible que se lleven a cabo determinados pasos, transformaciones o mezclas siempre en un mismo orden o secuencia y con las mismas condiciones.

Pero la cuestión de los procesos adquiere si cabe mayor interés cuando hablamos de servicios o intangibles (o no, tan tangibles) que ofrecemos a nuestros clientes, entre los cuales están la comercialización y los servicios de atención al cliente. ¿Quién diría que no debe haber cierto orden en las actividades que una compañía área en el servicio que ofrece a sus clientes debe tener o en un hotel a la hora de gestionar el hospedaje de sus huéspedes? Es evidente que nadie se imagina a los pasajeros de una aeronave abordando sin antes haber pasado por el mostrador del *"check-in"* o que, en el momento del registro de un huésped en un hotel, se le diera la llave de la habitación sin que en la recepción se hubiera comprobado que la reserva está confirmada o que la persona que la solicita es quien dice que es a través de la comprobación de los documentos de su identificación. Pues bien, es en la gestión de estos servicios; el de una compañía área, en una cadena hotelera, y tantos otros como son los servicios financieros, los sanitarios, las telecomunicaciones, los de asesoría, etc., donde la gestión por procesos adquiere todo su sentido y su utilidad de cara al cliente.

Figura 6.1. Esquema de procesos "Cara al Cliente"
Fuente: Elaboración propia

EL PROCESO VINCULADO A LA COMERCIALIZACIÓN

Probablemente no todos los negocios requieren que la venta sea entendida como un proceso que incluya diferentes actividades; esto es algo que ocurre cuando todos compramos productos de gran consumo en un supermercado o en una gran superficie. Y, sin embargo, también estos productos de consumo que suelen necesitar redes de distribución, requieren que el fabricante tenga que negociar con distribuidores e intermediarios en los que sí se detectan procesos comerciales más complejos.

Por lo tanto, en el presente epígrafe nos centraremos en explicar los tres principales procesos u actividades, asumiendo que los tres están muy interconectados y son imprescindibles para que los tres puedan llevarse a cabo y la comercialización sea un éxito.

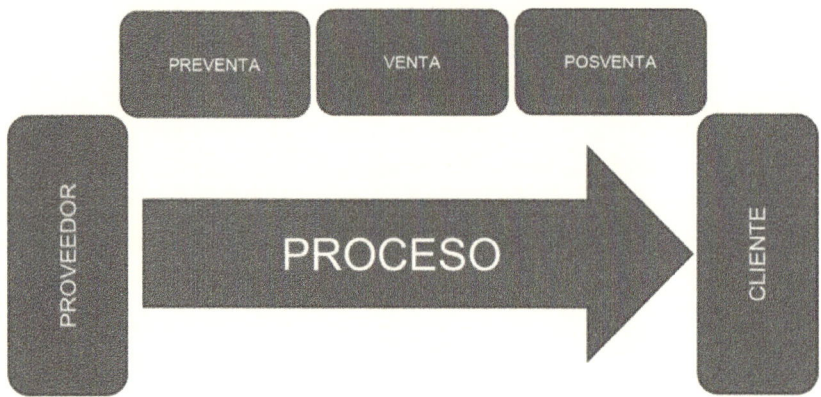

Figura 6.2. Proceso vinculado a la comercialización
Fuente: Elaboración propia

1ª ETAPA: LA PREVENTA

Las relaciones comerciales comienzan siempre con una prospección, incluso la compra más sencilla lleva consigo una búsqueda de información por parte del cliente que le permita tomar la mejor decisión posible. También por parte de la empresa siempre será necesaria una prospección del mercado que aporte información sobre las preferencias y los gustos de los potenciales clientes. Un cliente aprecia el estudio de las necesidades y una propuesta sobre lo que mejor se adapte a lo que él está buscando. En este caso, la personalización siempre será una estrategia ganadora de cara al cliente. Por ejemplo, cuando uno desea adquirir un vehículo de cierto nivel, por ejemplo, un BMW, esta marca está en condiciones de diseñar casi un coche de características singulares para cada cliente: no ya es una cuestión de colores, es una cuestión de que cada cliente puede incorporar a su vehículo aquellas prestaciones que mejor cubren sus necesidades. Lo

122

que hace BMW, y otras marcas de coches, es el primer paso hacia la preventa o el estudio concreto de las necesidades.

2ª ETAPA: LA VENTA

A veces pasa desapercibido el hecho que una empresa sea eficiente en la venta, en el hecho en sí, pero es un factor que el cliente aprecia y puede ser determinante a la hora de elegir a qué empresa comprar desde el punto de vista del cliente. A veces hay empresas que se empeñan en ponérselo difícil a sus clientes para comprar e implantan sistemas donde la facturación o el pago se convierten en retos que complican mucho al propio cliente: cartas de pago complicadas, cuentas de abono en otros países, etc. Cuando una empresa no proporciona las facilidades a sus clientes para cerrar las transacciones, no se está identificado con estas ideas del servicio. Cualquier empresa debe mirar primero por sus intereses, pero no debería hacer que estos intereses se conviertan en una carrera de obstáculos y menos en un juego de adivinanzas para que el pagador termine pensando: "… y ahora, ¿cuál será la siguiente garantía que me pedirán?".

3ª ETAPA: LA POSTVENTA:

Finalmente, el cliente se siente respaldado cuando sabe que cuenta con un servicio que, gratuitamente o no, puede ayudarle a resolver sus problemas.

Todos, de una forma u otra, lo que buscamos es una GARANTIA (con mayúsculas), esto es, que las cosas funcionen y que, si dejan de funcionar, sea el menos tiempo posible. ¿Qué sería de una empresa que vendiera cualquier equipo profesional y su propuesta fuera *"usted, cliente, invierte en esta maquinaria para abaratar sus costes de producción, pero a nosotros no nos llame si dentro de un mes alguno de sus aparatos no le funciona"*? Esto hoy en día es impensable. Cualquier cliente, lógicamente, apreciará más un servicio garantizado de postventa que todas las ventajas que pudiera obtener en la adquisición (descuentos, por ejemplo) pero que llevasen consigo el desentenderse ante cualquier reclamación. Esta filosofía, afortunadamente, ha sido abandonada en muchas empresas, que finalmente consideran que el servicio de postventa es imprescindible para la satisfacción del cliente. En un entorno tan tecnológicamente avanzado como en el que vivimos hoy, donde eficacia, precisión y fiabilidad son tan importantes para el cliente, la promesa esperada es la de "NO SE PREOCUPE POR NADA, NOSOTROS LO CUIDAMOS POR USTED".

Estos son los aspectos que el cliente aprecia y busca. Cualquier empresa que pretenda ser competitiva en su sector y en el cual la tecnología juegue un papel importante, necesariamente tendrá que añadir valor a su venta con la garantía del servicio: "en 24 horas mejor que en 36, y 12 mejor que en 24".

La atención al cliente

Las empresas, conscientes de lo que significa la prestación del servicio para el cliente y del valor que este le concede, han de facilitar y disponer de las herramientas que consideren mejores para atender al cliente. Aquí, sí que el producto o el servicio es determinante en el diseño del modelo de atención al cliente y esta también es una tarea que se debe asumir desde la planificación comercial, ya que estos procesos requieren recursos y sobre todo dirección por parte de quienes tengan la responsabilidad de mantener la relación con el cliente.

Si comercialmente el énfasis se pone en el cierre de la venta a cualquier precio y no se utilizan todos los argumentos que una empresa puede disponer como son el servicio, se estarán perdiendo muchas oportunidades. Convencer al cliente con la frase "es un buen precio" o "nuestros servicios son los más baratos" en muchos casos puede ser insuficiente a todas luces. Sin duda, con la óptica que estamos exponiendo, el precio puede que llegue a ser el argumento no principal para tomar la decisión de compra y el cliente opte por otras propuestas en las que el servicio sea más valioso que el beneficio de un precio bajo. Cualquier cliente mide y valora todas sus decisiones en clave económica, pero lo que se puede estar ahorrando, puede estar perdiéndolo por otro. Todo comercial debe recordar que cuando vende y piensa en sus números, el cliente lo hace también en la misma clave, por lo que debería utilizar argumentos para, además de convencerle de que realice la compra, demostrarle que sus preocupaciones son las mismas y éstas se centran en la garantía y en su satisfacción a través de un servicio óptimo.

Un dicho del castellano dice que "no ofende quien quiere sino quien puede". Trasladado este dicho a la cuestión a la que se está tratando, "no vende quien quiere sino quien puede... y quien lo sabe hacer". Y es que la tarea por la cual una empresa vende no es algo casual sino consecuencia de un proceso.

Algunas empresas y negocios dan por sentada la venta, creen que su "*know how*", su experiencia, su conocimiento y habilidad son suficientes para que sus negocios florezcan y muchos mueren mientras esperan que aparezcan los ingresos desde el subsuelo como las propias plantas. No se afirma que sólo haga falta una vocación comercial para conseguir vender y obtener los ingresos necesarios. No, nada más lejos de la realidad. Nos referimos a la necesidad de sentir que hay que vender para que una empresa tenga resultados y que esa venta viene como consecuencia de un proceso que compete a muchas partes de la empresa.

¿Cómo surgen las oportunidades de negocio?, ¿de quién parte la idea?, ¿qué es lo que motiva el emprendimiento comercial? La variedad y magnitud de respuestas es tan amplia como generales son las preguntas. La dimensión de las empresas es tan distinta que no tiene objeto preguntarse porqué Repsol abordó su expansión internacional, ni preguntarse porqué "*Ramón ha abierto un restaurante en la costa levantina*". Los procesos que dan lugar a la misión de vender son muy dispares, pero, en cualquier caso, los directivos de una multinacional deben alcanzar su cifra de negocio, al igual que el restaurante de Ramón.

La visión comercial tiene que ver con la capacidad que una empresa tiene para detectar las oportunidades y necesidades del mercado. Para ello, las empresas desde sus consejos y comités de dirección hasta sus unidades operativas deben tener presente lo importante que es en todo momento estudiar al mercado. El estudio de las necesidades se lleva a cabo a través de la investigación comercial, los estudios de las tendencias y la evolución que estas tienen de acuerdo con la evolución de sus entornos

Esta investigación y el estudio del mercado será el punto de partida de este proceso que es la venta y la comercialización. Los procesos que ponen en marcha la tarea comercial de Repsol podrán ser muchos y muy distintos entre sí. En el caso de esta multinacional energética, cómo se vendan sus lubricantes será muy distinto al proceso comercial del gas; cómo se extienda la red de estaciones de servicio, nada tendrá que ver con la labor comercial que se realice a partir del refino del petróleo, etc., aunque en todos ellos deberá haber una definición de objetivos, una asignación de recursos y unos procesos que garanticen el cumplimiento.

Por otra parte, vemos que el proceso comercial del restaurante de Ramón comenzará una vez que el restaurante queda inaugurado. Los primeros días lo visitamos los amigos, hasta nos invitan al vino y a las copas, todo es amabilidad. A parte de Ramón, observaremos cómo el "*maitré*"es quien más esmero pone en agradar a todos los clientes, en hablar con ellos y preguntarles su opinión sobre el nuevo cenador. Todo con un objetivo: vender la imagen del restaurante o, por lo menos, sembrar para que los primeros clientes vuelvan y empezar a asegurar la repetición. También, previamente Ramón debería haber estudiado el mercado y las posibilidades que ofrece la ubicación del restaurante de cara a la captación de nuevos clientes.

Entre esta actitud y otra (abrir el restaurante y esperar a que el público entre y por supuesto, quien quiera cenar bien que lo pague, y agradecido por ser atendido y tener la oportunidad de disfrutar de esta excelente cocina de gourmet), no hacen falta más comentarios. En la primera hay una clara vocación comercial por vender, por enfocar el negocio a la venta y además saber en qué momento y bajo qué circunstancias se puede llevar a cabo. Tener preparado el servicio, reparar en lo que de verdad aprecia el cliente, cuidar los detalles y no defraudar sus expectativas, es vital.

En cualquier caso, ambas empresas requieren de planificaciones previas y de orientaciones a los clientes que incluyen desde pequeños detalles hasta la definición de aquellas tareas que requerirán la planificación de recursos.

Conclusiones

Hemos dedicado este capítulo a la revisión de la venta como un proceso. Aunque a veces se ha creído que, en ciertos negocios, los ingresos surgen de forma esporádica, esto no debe ser así. Los ingresos y la comercialización son el resultado de una serie de actividades que deben realizarse sistemáticamente. La venta, como otras muchas funciones de la empresa, forma parte de un proceso mucho más amplio que la simple relación mercantil de mercancía por el dinero que paga un cliente. La actividad de la venta, incluida la función del marketing, también requiere de su propio proceso: la detección de oportunidades, el análisis de los mercados, la selección de los riesgos y el posterior estudio de rentabilidad de los clientes que servirá para corregir las desviaciones, así como una visión del negocio y todas aquellas actividades y actitudes que ayuden a acercar la empresa a sus clientes.

La Gestión Comercial requiere de la organización por procesos a partir de actividades que se realizan secuencialmente y aseguran la eficiencia y el cumplimiento de estándares de calidad.

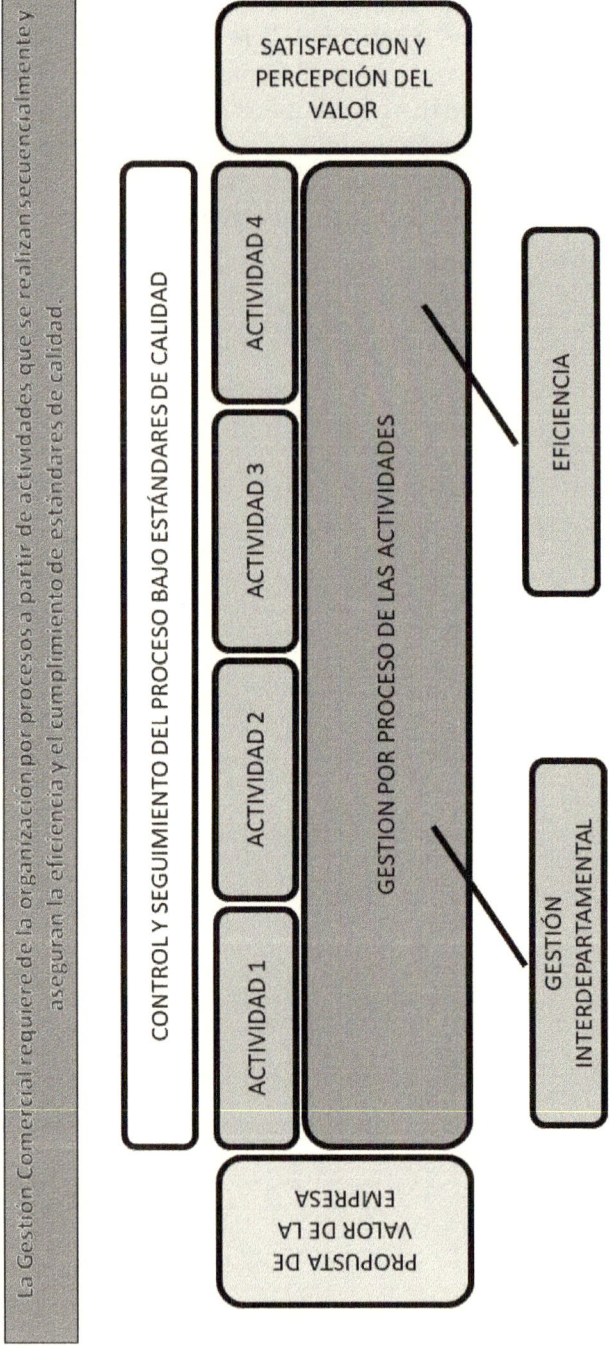

SATISFACCION Y PERCEPCIÓN DEL VALOR

CONTROL Y SEGUIMIENTO DEL PROCESO BAJO ESTÁNDARES DE CALIDAD

ACTIVIDAD 1

ACTIVIDAD 2

ACTIVIDAD 3

ACTIVIDAD 4

GESTION POR PROCESO DE LAS ACTIVIDADES

EFICIENCIA

GESTIÓN INTERDEPARTAMENTAL

PROPUSTA DE VALOR DE LA EMPRESA

Se identifican en Epysilom dos tipos de procesos comerciales: los procesos que se realizan de cara al cliente y los procesos internos o de soporte comercial.
Comenzaremos citando los primeros que son:

1. Proceso de Venta Directa
2. Proceso para la Gestión del Distribuidor
3. Proceso Comercial del Canal Internet
4. Proceso de Postventa

Y los procesos internos o de soporte comercial que se identifican son:

1. Proceso de Liquidación y Facturación de Comisiones a la Distribución.
2. Proceso de Control y Mejora de la Distribución
3. Proceso de Gestión de Stocks y Logística.
4. Proceso de Apertura de Delegación Comercial.
5. Proceso de Planificación Comercial.

Descripción de los procesos comerciales:

1. Proceso de Venta Directa.

Los directores de las delegaciones y de central son los respectivos responsables de llevar a cabo este proceso. Este se inicia con la prospección y estudio del mercado de cada una de las demarcaciones definidas para cada delegación, su segmentación y la definición de los potenciales clientes que pueden terminar siendo clientes. Este Proceso de Venta Directa tiene dos variantes: el que se lleva a cabo a través de las visitas concertadas por el área de telemarketing del propio departamento comercial o llevado a cabo desde la propia delegación y el que se lleva a cabo a partir de la propia demanda de empresas que solicitan productos y servicios a Epsylom.

Los comerciales de venta directa de las delegaciones y centrales son quienes atienden: prescriben, presentan la oferta y cierran la venta de acuerdo con los marcos de actuación comercial (precios y promociones) que la dirección comercial establece. Las ventas que se realicen deben estar por encima de los 1.500 euros o tener un acumulado en ventas en los últimos doce meses de 6.000 euros en equipos y accesorios informáticos, si no deberán derivarse a un distribuidor. El director de la delegación es quien finalmente autoriza cada una de las operaciones.

Este proceso no está asociado al objetivo de venta sino al cumplimiento de que no se lleve a cabo ninguna venta que no atienda a los criterios antes señalados y que dichas ventas sean siempre autorizadas por el responsable de la delegación. Este proceso de venta directa concluye con la petición de entrega del pedido al departamento de logística quien se responsabiliza de la entrega de la mercancía.

2. Proceso para la Gestión del Distribuidor

El segundo proceso comercial es el proceso de gestión del distribuidor, o responsables de impulsar la venta a través de los canales indirectos. Dicho proceso es impulsado por el departamento comercial quien por medio de su director firma los contratos de distribución y establece las condiciones económicas (márgenes, comisiones y rápeles) para cada uno de los socios de Epysilom.

El Proceso para la Gestión del Distribuidor requiere de los siguientes pasos:

a) Evaluación del distribuidor de acuerdo con los criterios económicos, criterios de servicio y de viabilidad comercial;

b) Firma del contrato de distribución y de las condiciones económicas y comerciales que ambas partes deben respetar. Dicho contrato es firmado por el Director Comercial quien actúa como apoderado para ello, otorgado por el Consejo de Administración de la empresa.

c) Definición de las operativas comerciales que se llevarán a cabo entre ambas partes: Epsylom y distribuidor, y asignación del comercial o *key account* responsable de la cuenta. Cada distribuidor cuenta con un código de distribuidor que facilita la gestión comercial y el funcionamiento de toda la cadena de suministro.

d) Liquidación económica temporal, de acuerdo con las condiciones de contrato.

e) Seguimiento del resultado, y;

f) Renovación o recisión del vínculo comercial.

Como es entendible dicho proceso es de enorme importancia para Epsylom pues bajo sus directrices se gestionan 75 distribuidores que a su vez son los responsables de 320 puntos de venta en los cuales se venden los equipos informáticos y accesorios de Epsylom.

Las operativas comerciales establecen la gestión de referencias y herramientas de marketing que entre las partes se utilizarán para maximizar los mejores resultados.

3. Proceso de Venta del Canal Internet

Con este proceso Epysilom gestiona la actividad comercial del canal digital, que se inicia con la elaboración del catálogo y las ofertas que la página web de Epsylom ofrecerá. La responsabilidad de este proceso es del jefe del canal digital quien debe negociar con fabricación por una parte la disponibilidad del producto y por otra debe tener la aprobación del director comercial de las condiciones comerciales que se asumen en el canal digital. Otra parte del proceso corresponde al diseñador de la página web quien debe seguir la directriz del jefe del canal digital.

El proceso contempla que el catálogo digital sea renovado al menos cada quince días, y que las condiciones comerciales estén siempre alineadas con los intereses comerciales de la compañía y de los otros canales comerciales.

No forma parte de este proceso el cumplimiento de los objetivos de venta que el canal digital pueda tener.

4. Proceso de Postventa

Epsylom pone especial cuidado en el seguimiento del proceso de postventa que es parte de la garantía y cuidado que la empresa quiere tener con sus clientes. La primera actividad con la que cuenta el proceso es la selección de los canales para que los clientes puedan acceder a este servicio de postventa (canal telefónico, canal internet o a través de algunos de los distribuidores).

La siguiente etapa del proceso es la recogida de los equipos que requieren algún tipo de servicio por avería o fallo. Una vez recogido el equipo, Epysilom dispone de diferentes servicios técnicos, que normalmente suelen ser subcontratados y que trabajan bajo demanda y de acuerdo con el propio proceso de postventa, llevan a cabo la reparación. Una vez que se realiza la reparación del equipo, nuevamente el departamento de postventa contacta con el cliente y acuerda el envío del equipo reparado.

El propio proceso de postventa tiene en cuenta tres niveles de atención: el de los clientes "particulares", a los cuales se les facilita un presupuesto antes de llevar a cabo la reparación, y se les cobra una tarifa por la recogida de los equipos averiados o que requieren atención; los "clientes" del canal directo que tienen condiciones especiales firmadas, y a los que no se le cobra la recogida y el envío de equipos, y los "clientes premium" cuyos costes de mantenimiento son gratuitos o tienen una garantía por un tiempo establecido.

El control del cumplimiento de este proceso se centra en la revisión, sobre todo, de las condiciones aplicadas a cada cliente, que están contemplados en la definición del proceso y de acuerdo, también, con su tipología de cliente.

Junto a estos procesos orientados a la venta y al servicio al cliente, Epsylom ha definido también cinco procesos internos o de soporte que contribuyen y son decisivos para la gestión y la actividad de la actividad comercial de esta empresa informática. Los procesos son los siguientes:

1. Proceso de Liquidación y Facturación de Comisiones a la Distribución.

   Los *key account* o responsables de la gestión de cada distribuidor o mayorista son quienes deben facilitar toda la información relacionada con las ventas realizadas a estos distribuidores, comprobando que dicha información coincide con la que el departamento de logística (almacén) tiene. Una vez comprobadas las entregas y los pagos realizados por los distribuidores, el área de administración comercial calcula la liquidación por diferentes conceptos de cada distribuidor, asociando el importe al código del distribuidor y emitiéndose una factura o un abono según sea el saldo acreedor o deudor de Epsylom con cada uno de sus distribuidores.

   El proceso se realiza mensualmente y en el participa tanto el departamento comercial como el departamento de administración, contabilidad y tesorería de la empresa.

2. Proceso de Control y Mejora de la Distribución.

   El proceso de control y mejora de la distribución se lleva a cabo por los diferentes *key accounts* responsables de cada distribuidor y la dirección de marketing de la empresa. Tiene como fin, por una parte, la implementación de la imagen de la marca en puntos de venta asociados a cada distribuidor; dotar de herramientas y presupuesto a cada uno de los distribuidores y por otra, controlar que dichas acciones y las condiciones comerciales establecidas en el contrato de distribución, las acciones comerciales y las campañas se cumplen según lo establecido.

   El proceso contempla que se pueda aplicar en su conjunto a todos los distribuidores o a una selección, y sus responsables son tanto el director comercial como el de marketing.

3. Proceso de apertura de Delegación Comercial.

Este proceso se pone en marcha en contadas ocasiones, una vez tomada la decisión por la junta de accionistas o el consejo de administración que es conveniente realizar la apertura de una nueva delegación comercial. Atendiendo a esta decisión estratégica, la dirección general de la compañía pone en marcha el proceso de la apertura de delegación comercial en el cual participan: la dirección comercial, la dirección financiera, el área de planificación y estrategia que depende de la dirección general y el departamento de recursos humanos.

La primera actividad que se lleva a cabo es el estudio de viabilidad comercial, seguido por el estudio de mercado y el plan de negocio que el área de planificación y estrategia presentan. En una segundo etapa, el área de planificación comercial desarrolla un plan de expansión, con objetivos y volumen de ventas por canales y productos, que responde a las exigencias del plan de negocios. Una vez elaborado este plan, la dirección financiera incorpora dicho plan a las previsiones financieras (ingresos y gastos) de la compañía y realiza las dotaciones presupuestarias y crea los centros de costes que dicha delegación requiere para su gestión. Finalmente, el departamento de recursos humanos participa de la gestión de dicho proceso definiendo los perfiles y seleccionando los recursos humanos necesarios que se requieren en la nueva delegación.

El Consejo de Administración controla y realiza el seguimiento de la apertura de la nueva delegación durante 18 meses; y concluido este periodo se da por cerrado dicho proceso.

4. Proceso de Planificación Comercial.

Finalmente, la dirección comercial lleva a cabo el proceso de planificación comercial junto a la dirección financiera, el área de planificación y estrategia y la aprobación de la dirección general y el comité de dirección.

A partir de los objetivos corporativos de la compañía: volumen de facturación, beneficio, planes de producción y política de I+D, el área de planificación comercial de la dirección comercial elabora el plan comercial del ejercicio que comprende el Plan de Ventas, el Plan de Marketing y el Presupuesto Comercial.

El primero de ellos, como ya se ha visto en el PASO 4 de este proyecto, es la previsión de las ventas que la empresa tiene en el ejercicio, desglosándose por canales de distribución y productos, evolución de precios y acciones de marketing que impulsan dichas ventas.

El Plan de Marketing que lo elabora el área o la dirección de marketing incluye las acciones de comunicación, de marca y de producto que la empresa plantea realizar en el ejercicio y que, obviamente, debe coordinarse con el plan de ventas.

Finalmente, dentro del proceso de planificación comercial se incluye la elaboración del presupuesto comercial y el diseño de las herramientas de seguimiento y control de este, tareas que se llevan a cabo durante todo el ejercicio. Dicho control permitiría al Comité de Dirección previa autorización del Consejo de Administración modificar sus números fundamentales: ingresos y gastos.

Mapa de Procesos de la Dirección Comercial

Figura 6.1
Fuente: Elaboración propia

Conclusiones

Este sexto capítulo nos ha servido como muestra de un proyecto de planificación comercial "paso a paso" para definir e integrar los procesos en la acción comercial de las ventas.

En este capítulo, habremos ido definiendo todos los procesos que la dirección comercial requiere para llevar a cabo los procesos de captación, venta y servicio que la empresa debe llevar a cabo. El entendimiento de lo comercial como un proceso, o un conjunto de procesos, nos ayudará también a sistematizar el servicio al cliente, que en muchos casos facilitará la fidelización del cliente, y por consiguiente, a mejorar los resultados del negocio.

La Gestión por Procesos: un enfoque de gestión eficiente

El artículo presenta la gestión por procesos como la necesidad que tienen las empresas para ser más eficientes en un mundo en el cual la competencia es mayor, el impacto de la tecnología es más considerable y el mercado cada vez es más exigente en sus demandas. La gestión por procesos transforma a las organizaciones, de manera que estructura clásicas y jerarquizadas pasen a ser más planas y horizontales. El objetivo de la gestión por procesos es generar valor en cada una de las actividades que se llevan a cabo.

Referencia bibliográfica
Mallar, M. Á. (2010). La gestión por procesos: un enfoque de gestión eficiente. *Visión de futuro, 13*(1), 0-0.

El *Back-Office* y la organización comercial orientada al servicio

El artículo nos presenta la idea a la cual responde el back-office comercial, cuya traducción literal sería trastienda, pero no menos importante para el éxito de una empresa. El éxito de la empresa también depende de la eficacia y de la capacidad para resolver las incidencias y los problemas que los clientes pueden tener cuando reciben el servicio y los productos de una empresa.

Referencia bibliográfica
Matarranz J.L. (2021). El Back Office y la organización comercial orientada al servicio. España: Prisma, S.L.

Servicio Post Venta de Mercedes Benz

La lectura presenta el ejemplo del servicio postventa de una empresa tan excelente como Mercedes Benz. Esta empresa centrada en sus clientes presta a través de su red de talleres autorizados los cuales son la clave para que Mercedes Benz se considere como número 1 en el servicio para el cliente. Para alcanzar esta garantía los talleres deben cumplir altos estándares de calidad que son auditados y sirven como garantía de mejora. Esta gran marca de automoción alemana, líder y referencia mundial, pone en sus talleres el primer escalón para lograr la fidelidad de sus clientes.

Referencia bibliográfica
Matarranz J.L. (2004). Servicio Post Venta de Mercedes Benz. España: Clase-Ejecutiva, S.L.

CAPÍTULO VII. SÉPTIMO PASO
LA DIRECCIÓN Y LAS ORGANIZACIONES
COMERCIALES

Introducción

El presente capítulo aborda las responsabilidades que la Dirección Comercial tiene con los recursos humanos y las distintas organizaciones que un director comercial puede implantar en su departamento o división, en función de sus necesidades organizativas y de los enfoques que el departamento comercial quiera tener, bien por gamas o categorías de productos, bien por territorios o bien, de acuerdo con la segmentación de la cartera de clientes. En cualquier caso, se tratará de establecer un modelo organizacional o un organigrama que encaje con la visión de la empresa y con la mejor forma de llegar al cliente, ofreciéndole el mejor servicio posible y con la misión al mismo tiempo de alcanzar los objetivos que la empresa haya establecido.

Palabras clave

Organigrama, funciones comerciales, perfil, competencias, estilo de dirección

Reto

A través del contenido de este capítulo estaremos en disposición de responder a cuestiones relacionadas con la importancia de los organigramas comerciales y cómo debe plantearse la organización del departamento de ventas. Las preguntas que se deberían responder después de este capítulo son qué criterios debemos utilizar para definir un organigrama comercial, qué significa dimensionar una estructura comercial o qué significa tener competencias para desempeñar un lugar dentro de un organigrama comercial.

La dirección comercial de una empresa realiza diversas tareas y asume muchas responsabilidades. Una de las labores más importantes de la dirección comercial, si no es la más importante, es la de ser el impulsor de la captación de los ingresos de la empresa: cualquier empresa requiere de ingresos, es *como el aire que respiramos los seres vivos*", una empresa que no tiene ingresos de manera prolongada no tiene futuro, no puede sobrevivir y justamente eso mismo es lo que les pasa a los seres vivos; si no respiran mueren.

Para esta misión, la Dirección de Ventas no está sola, sino que contará con la gestión de todos los recursos materiales y humanos necesarios que, directa o indirectamente, están relacionados con la venta, recursos que el director comercial solicita para tratar de desarrollar la capacidad comercial de la compañía. Uno de los ejemplos que se pueden poner para ilustrar esta misión del director comercial sería una petición para que los miembros del equipo comercial dispongan de teléfonos móviles. Como tal no son herramientas específicas para la venta, pero ayudarían a la realización de la actividad facilitando una mayor operatividad de todo el equipo comercial, dinamizándola y probablemente mejorando las ventas del equipo. Pues bien, será el director del área comercial, como responsable y líder, quien debiera solicitar, argumentar y convencer a quienes proporcionan los recursos para la disposición de teléfonos móviles en la empresa, que esta herramienta es necesaria y por lo tanto debe ser proporcionada. Esta labor no siempre es fácil y puede llegar a complicarse mucho más.

También, otra de las responsabilidades de la dirección comercial será la coordinación con otras áreas que, de una u otra manera, participan o influyen en la relación o en la percepción que el cliente tiene de la empresa. Nos estamos refiriendo a todos aquellos recursos que permiten mejorar el servicio postventa, las entregas, la atención telefónica, etc., o incluso la publicidad, y que tanto contribuyen a mejorar los resultados comerciales. Disponer de estas herramientas y de otras muchas posibles palancas comerciales ayudan a conseguir el objetivo de las ventas; mejorar las condiciones y ofrecerles facilidades de pago a los clientes, tener garantías de devolución, etc., son también otras de las muchas cuestiones que el director comercial tendrá que solicitar y negociar con otros departamentos de la empresa. Por tanto, la misión del director comercial no se limita a tomar decisiones comerciales, sino también tendrá que unificar esfuerzos y liderar proyectos dentro de la empresa, asumiendo su responsabilidad en la conexión que debe haber entre la empresa y sus clientes: sus necesidades y todos los servicios que favorezcan esa relación.

Asimismo, debe hacer suya, también, la conexión que la empresa tenga con la realidad del mercado y el seguimiento de la competencia. La dirección de ventas es para la empresa la *correa de transmisión* de los cambios que se detectan en el mercado (modas, tendencias, hábitos de consumo) y que ponen en marcha la mejora de los servicios y productos.

Por otra parte, dirigir las ventas de una empresa (grande o pequeña) o de una multinacional exige estar en contacto con personas (clientes), lo cual requiere el desarrollo de unas capacidades de relación interpersonal que posibilitan la consecución de los objetivos.

Las decisiones y responsabilidades de aquellos que desempeñan la misión de vender, y por tanto de los directivos comerciales, se llevan a cabo bajo tres ejes:

- La definición de una estrategia de comercial.
- La implementación de la estrategia.
- La evaluación y el control de la estrategia.

LA ESTRATEGIA Y LA ORGANIZACIÓN COMERCIAL

Entre las funciones que la Dirección Comercial debe realizar está la de definir su estrategia de acuerdo con los objetivos corporativos de la compañía y planificar los recursos disponibles, tanto humanos como materiales. Definir la estrategia comercial consistirá en trazar una ruta comercial desde el punto en el cual se encuentra la empresa y hasta el punto al cual se quiere llegar. Para ello habrá que tener en cuenta las características del entorno (mercado y competidores) y los recursos disponibles para alcanzar los objetivos con una posición competitiva sostenible. Para llevar a cabo esta misión, la dirección comercial debe contemplar todos los aspectos que interactúan con la organización:

- Análisis del entorno:

  Se ha de incluir en este apartado todo aquello que haga referencia a clientes potenciales y a formas de actuación de la competencia. Asimismo, la empresa está obligada a realizar una revisión de todas sus debilidades, fortalezas, amenazas y oportunidades (DAFO), con respecto a sus productos, a sus mercados, a sus competidores y a todo aquello que también tiene que ver con sus propias capacidades. Solo con esta actitud crítica, la empresa obtendrá una visión global sobre los retos que se plantea y su capacidad para alcanzarlos.

- Políticas y líneas de actuación comercial:

  En este apartado se han de incluir, los planes que impulsan tanto la captación de nuevas cuentas y clientes como la retención de éstos; y, por otra, los recursos y los planes que se van a acometer, así como las decisiones que habrán de ser tomadas en función de los objetivos y que pueden afectar a toda la organización: incrementos de la producción para ganar cuota o mantenerla, mejora de los productos o renovación de los mismos en función de su grado de aceptación en el mercado, reducción de costes según el precio del producto, etc.

  Cuando se habla de políticas también se incluyen aquellas decisiones tácticas que las empresas deben realizar para alcanzar sus objetivos como herramientas que ayudan a conseguirlo. Es decir, si la política de una marca o un distribuidor es la de ofrecer descuentos y promociones de manera agresiva para conseguir batir a sus competidores, estas acciones tácticas están contempladas dentro de la propia política comercial que desarrolla la compañía comercialmente.

- Organización de los recursos humanos:

  Una de las características de la dirección comercial es, que requiere tomar decisiones que transcienden a las personas. Después del propio departamento de recursos humanos, probablemente el departamento comercial de todas las empresas del mundo es el que más involucrado está en la gestión de personas en la empresa.

Debido a que el propio proceso de venta está condicionado por comportamientos y decisiones personales, para la dirección comercial resulta imprescindible, también, determinar quiénes son en cada momento los que mejor realizan cada tarea: venta directa a un primer cliente, mantenimiento de la relación, etc. Se requieren determinados perfiles para negociaciones complicadas y largas, y otros para operaciones instantáneas donde las actitudes y las aptitudes personales, la autoestima, la madurez y la resiliencia son fundamentales para este desempeño.

La Dirección Comercial realiza la asignación de cuentas continuamente, de clientes, de sectores, de territorios o zonas, cambiando y definiendo responsabilidades comerciales en función de los resultados, siempre con el fin de mejorar y obtener el máximo rendimiento. También, será imprescindible para la organización definir los apoyos necesarios: soportes administrativos (para el seguimiento de cobro y facturación); soportes logísticos (para la entrega de la mercancía); soportes de postventa, etc.

En definitiva, la Dirección Comercial debe llevar a cabo una tarea organizativa que implica la definición de funciones y tareas de muchas personas.

- Asignación de recursos materiales y presupuestarios:

Además de los recursos humanos, la organización comercial cuenta con otro tipo de recursos para llevar a cabo su plan de acción. También, aunque es la fuente de ingresos, esta dirección consume recursos materiales y presupuestarios que le dan el soporte necesario para llevar a cabo las acciones que hacen relevante su gestión. Por ejemplo, las promociones, las acciones de formación, los eventos y las relaciones públicas requieren de recursos financieros para llevarse a cabo. Todas estas palancas, puestas a disposición del departamento que tiene el cometido de conseguir los ingresos para la empresa, permiten impulsar y acelerar la consecución de los resultados, siempre que la gestión sea adecuada y las condiciones sean las más favorables.

- Seguimiento y valoración del trabajo

   En este apartado se incluyen los conceptos de evaluación, políticas de supervisión y seguimiento de los procesos de actuación de los equipos comerciales. La acción de vender se relaciona mucho con la actuación individual y por eso requiere del seguimiento de los procesos y de las normas para no generar desorganización en su desarrollo. Es importante que se especifiquen tareas y fechas, y que las describan, con el fin de permitir una organización clara del trabajo: un seguimiento y una supervisión inequívoca.

En definitiva, la Dirección Comercial está muy vinculada con los equipos y las personas, sus recursos y la organización que los debe gestionar.

La organización comercial

Organizar un departamento de ventas, sus unidades y las distintas jerarquías que actúan en él es una de las tareas que su director tendrá que asumir. El motivo de esta complejidad reside en que el principal activo de una fuerza de ventas son las personas que lo componen.

Nosotros, las personas, en general, somos quienes solucionamos los problemas, pero también quienes generamos otros muchos conflictos. Hacer compatibles a los equipos y a todos sus componentes resulta complicado en la medida en que somos distintos, nuestros intereses son diferentes, los grados de motivación no son los mismos y la percepción de la realidad dista mucho de ser igual para todos. Esto provoca que la actividad del director de ventas, donde el nivel relacional es el principal motor de la actividad, se convierta en gestión del equipo humano. En todo caso, las decisiones de la organización deben ser aprobadas por la dirección general de la empresa, ya que la división de ventas es una unidad de máxima importancia. Para ilustrar estos aspectos, imaginemos la siguiente situación que nos sirva para ilustrar la cuestión que estamos tratando.

A finales de la campaña de verano, la empresa Maravilian-Tours tenía que organizar su departamento de ventas. Su directora general, Mabel Encinas, debía, entre otras decisiones, nombrar a dos nuevos Product Managers: el primer nombramiento debía ser el del responsable de la venta de los Viajes Aventura. No había duda de que Kiko de la Fuente era quien debía ocupar el nuevo cargo, puesto que él era quien había impulsado y creado el producto.

Sin embargo, el otro nombramiento, para ocupar el puesto de responsable de Mayoristas y Grandes Cadenas entrañaba más dificultad para Mabel, puesto que consistía en el cargo más importante en la estructura comercial de la compañía: representaba el 72% de su facturación y más del 90% del equipo comercial trabajaba para esta división. Mabel tenía tres candidatos: Arturo, uno de los ejecutivos comerciales más antiguos y expertos de la Agencia; Rocío, la persona de mayor confianza de Mabel, la más experta en el producto europeo; y Benjamín, "el crack", como le conocían en la empresa por su capacidad de trabajo, por sus resultados y por su visión del negocio. Mabel era consciente de que, si no nombraba a Rocío, perdería su confianza, si no nombraba a Benjamín, terminaría abandonando la empresa, y si no nombraba a Arturo, también sentiría que no estaba reconociendo su valía. La decisión, desde luego, era complicada.

Como se habrá podido comprobar a través de este breve ejemplo, la decisión de los nombramientos en una estructura comercial siempre entraña dificultad y, aunque cueste reconocerlo, es una fuente segura de conflictos para los que una empresa debe estar preparada.

Encontrar la solución perfecta es un punto casi imposible. Las organizaciones de ventas, también conscientes de su importancia, son muy sensibles a los cambios y a la búsqueda de un esquema apropiado al negocio, a los objetivos y a las personas que lo componen.

En este capítulo, vamos a proporcionar una serie de consejos que podrán servir al lector para idear su propia estructura, atendiendo a sus propias particularidades.

El organigrama genérico de una empresa se puede resumir en tres grandes áreas y dos de ellas, la de producción y la comercial estarían muy relacionadas con la operación y la cadena de valor de la compañía hacia el cliente.

- **Las unidades de soporte:** (contabilidad, recursos humanos, administración, etc.) comunes a cualquier empresa, independientemente del sector. Todas ellas deben contar con las personas adecuadas para realizarlas y son igualmente fundamentales para que las empresas sean organizaciones capaces de cumplir con su misión y alcanzar su visión.
- **El área de producción**, incluyendo fabricación, diseño o I+D. Estos departamentos o áreas están, sobre todo, presentes en empresas industriales, en las que la producción y la gestión de nuevos productos son factores de éxito. No ocurriría lo mismo, probablemente, en empresas de servicios, donde la generación del servicio puede ser inherente a muchos departamentos simultáneamente, como por ejemplo en los bancos, entidades aseguradoras u operadores de telefonía; ¿se puede deducir en estos sectores con facilidad donde se pueden generar estos servicios?
- **La organización comercial**, en la que englobamos la función de Marketing y la de Ventas. La función de Marketing, y más en concreto la Publicidad o Comunicación, en algunas ocasiones pasa a ejecutarse desde otras áreas de la empresa, de acuerdo con el propio modelo de gestión que la empresa quiera llevar a cabo. Este caso suele ser el de las empresas en las que la comunicación se emplea más para mensajes institucionales que para publicidad comercial.

En este organigrama estándar de una empresa se presenta un área comercial que integraría en su dirección, al área de Marketing/Publicidad junto al área de Ventas, ya que ambas son el motor de la empresa y quienes más cerca del mercado están.

En una segunda propuesta, y dando algunos pasos más, desarrollaríamos la Dirección Comercial con un área de Ventas y sus unidades, junto a todas las unidades que colaboran de una u otra forma con sus objetivos: estas unidades serían, desde los departamentos de **soporte técnico,** los cuales adquieren mucha importancia cuando

Organigrama Estándar de una Empresa

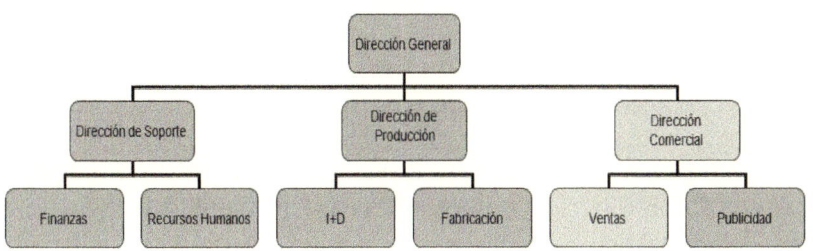

Figura 7.1
Fuente: Elaboración propia

ORGANIGRAMA DE LA DIRECCIÓN COMERCIAL DE UN GRAN EMPRESA

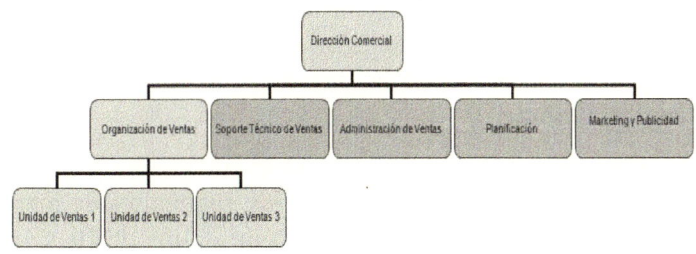

Figura 7.2
Fuente: Elaboración propia

las empresas venden productos y bienes con un alto contenido tecnológico y esta unidad sirve para solucionar problemas o dudas del cliente; hasta las unidades de apoyo: la planificación comercial para marcar objetivos, seguimiento del mercado y de la competencia, implementación de herramientas, estrategias de precio y producto, etc., fundamentales, sobre todo, en grandes corporaciones.

La organización de las unidades de venta requiere de un minucioso trabajo. A continuación, vamos a desarrollar algunas de los requisitos de esta labor:

- **Analizar el entorno.** La empresa debe tener en cuenta cuáles son sus circunstancias y las condiciones en las que se encuentra su mercado. Ha de plantearse las siguientes cuestiones: «¿dónde están mis clientes potenciales?» «¿qué tamaño tiene el mercado potencial?».
- **Analizar a la competencia.** Supone estudiar también los métodos y la organización de la competencia con relación a sus clientes: ¿cómo llega a ellos?, ¿cómo utiliza a su fuerza de ventas?, ¿qué tipo de relación mantiene con ellos?
- **Analizar los propios recursos y los de la organización.** Crear organizaciones y oficinas comerciales es algo más que contratar personal. La inversión que realiza una empresa cuando crea una estructura comercial tiene unos costes que van más allá de una simple ampliación de la plantilla de la empresa. También es importante tener en cuenta la implantación territorial con la que cuenta la empresa a la hora de expandirse territorialmente.

En las siguientes tres figuras, se muestran tres posibles organigramas de ventas en función de territorios, segmentos de mercado y categoría de producto. Antes de optar por alguna de ellas, es necesario analizar las circunstancias que acompañan a esta decisión: cuáles son los perfiles de la organización, qué potencialidades tiene y qué es lo que determina su adaptación (productos, canales, clientes, etc.), para aprovechar en todo lo posible las capacidades del equipo humano:

- **Organización por territorios,** en la cual el criterio que se utiliza es el de la cobertura a través de la organización asignándose a las unidades de la organización de ventas **provincias, regiones o países** con el fin de llegar al mayor número de potenciales clientes.
- **Organización por segmentos de mercado,** siendo el criterio organizativo el de asignar las unidades de ventas de acuerdo con el perfil de los clientes o potenciales clientes que la empresa pueda tener, con independencia de su localización o del tipo de producto que puedan adquirir y con el fin de adaptarse lo mejor posible a las **necesidades de los clientes** y desarrollar capacidades que permitan entenderlas de la mejor forma posible. También la organización por segmentos viene determinada por las diferentes soluciones que la empresa ofrece de acuerdo también a las diferentes necesidades de sus clientes
- **Organización por productos,** criterio por el cual la organización es según **productos o gamas de productos** que la empresa comercializa, y siendo cada unidad responsable de la venta de cada referencia de producto.

ORGANIZACIÓN DE LA DIVISIÓN DE VENTAS POR TERRITORIOS

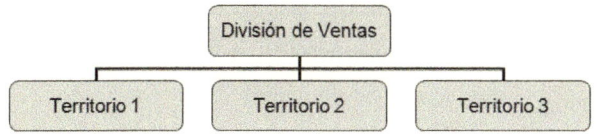

Figura 7.3
Fuente: Elaboración propia

ORGANIZACIÓN DE LA DIVISIÓN DE VENTAS POR SEGMENTOS DE MERCADO

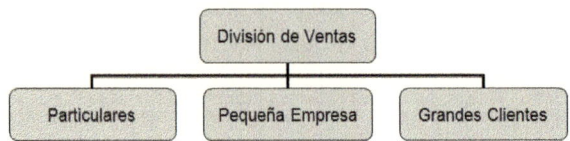

Figura 7.4
Fuente: Elaboración propia

ORGANIZACIÓN DE LA DIVISIÓN DE VENTAS POR CATEGORIA DE PRODUCTOS

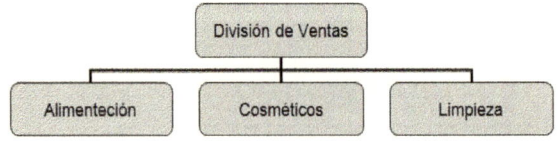

Figura 7.5
Fuente: Elaboración propia

Conclusiones

En este capítulo se han presentado las diferentes organizaciones comerciales que una empresa puede tener partiendo del organigrama de una empresa y teniendo en cuenta que genéricamente la organización comercial suele ser la suma de los departamentos de marketing y ventas, sin que por ello tengamos que considerar que ninguno de los dos es el más importante. De igual manera, se ha mencionado en este capítulo que las organizaciones comerciales no solo están integradas por vendedores. En las organizaciones comerciales también deben estar presentes todas las unidades que puedan dar servicio al cliente, desde los departamentos administrativos y de postventa, hasta otros posibles departamentos de soporte técnico. Asimismo, también en esta lectura se han mostrado las posibles organizaciones comerciales o de ventas que se pueden tener de acuerdo con criterios territoriales, de segmentación del mercado o de productos. Los organigramas siempre serán una representación de las funciones y responsabilidades que la organización requiere y no de los empleados que están en ella.

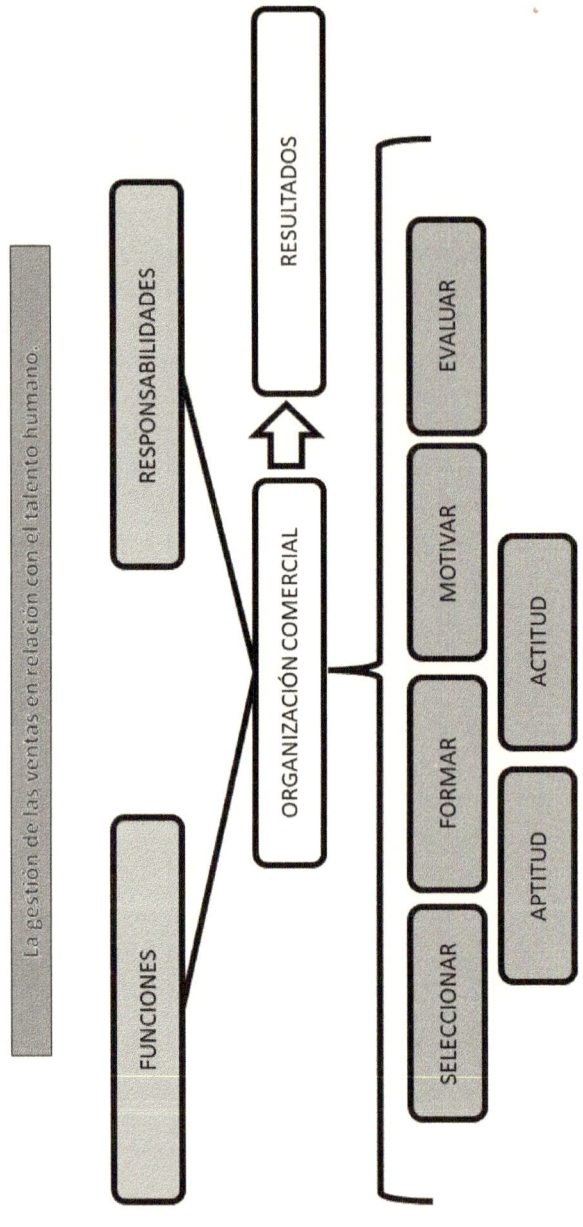

La gestión de las ventas en relación con el talento humano.

FUNCIONES

RESPONSABILIDADES

ORGANIZACIÓN COMERCIAL

RESULTADOS

SELECCIONAR

FORMAR

MOTIVAR

EVALUAR

APTITUD

ACTITUD

En el primer capítulo de este proyecto ya se hizo mención a algunas cuestiones que a continuación se van a desarrollar. Los productos de Epsylom se venden inicialmente tanto a clientes profesionales (empresas y trabajadores por cuenta propia) como a público en general, razón por la cual el departamento de marketing incluido en el departamento comercial contempla dos áreas asociadas a cada uno de los segmentos mencionado y por otra parte la compañía cuenta con tres canales de distribución diferentes:

1. El Canal Directo;
2. El Canal Indirecto, y;
3. El Canal Digital.

Por otra parte, la delegación central con sede en Valencia además de sus unidades de venta directa y venta indirecta cuenta con el responsable del canal de digital, quien gestiona toda la oferta en la web y para la cual hay un webmaster, dos diseñadores gráficos y dos auxiliares comerciales encargados de toda la gestión comercial.

Al igual, que la unidad del canal digital, dentro de la estructura de la delegación central, está la de servicio de postventa y apoyo logístico, y la unidad de planificación comercial.

Por tanto, la organización comercial cuenta con cuatro niveles:

1. Director
2. Delegado o Jefe
3. Responsable de unidad
4. Comercial o apoyo

Al frente de la Delegación Internacional está el Director de la Delegación Internacional, quien, aunque tiene la categoría de Director su nivel jerárquico es el de delegado.

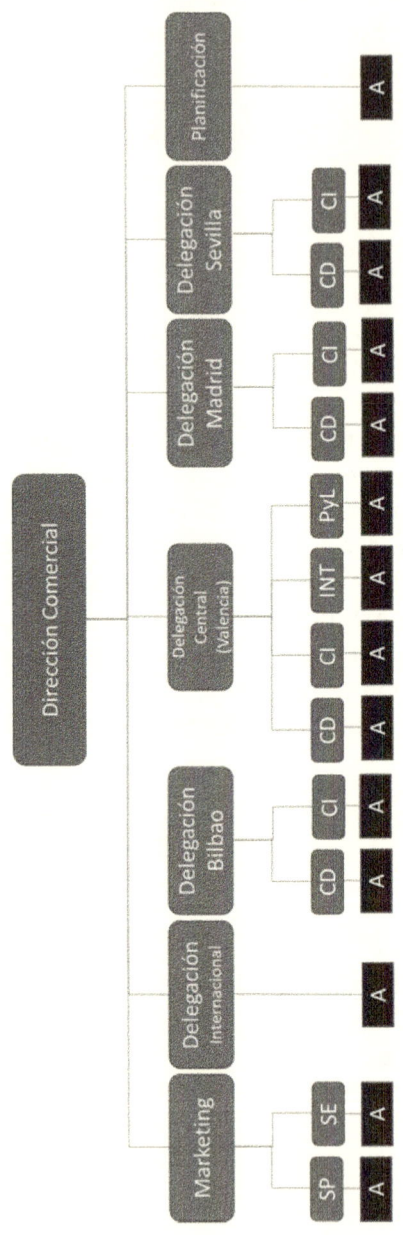

Claves:
SP: Segmento Particular; SE: Segmento Empresa
CD: Canal Digital, CI: Canal Indirecto
INT: Canal de Internet, PyL: PostVenta y Logística
A: Apoyo

Figura 7.7

154

Tal y como se observa en el actual organigrama comercial de Epsylom, del director comercial dependen siete unidades independientes entre sí: cuatro de ellas de naturaleza comercial cien por cien, dos unidades de soporte (Marketing y Planificación) y una tercera delegación que es estratégica para la compañía pues sus objetivos son de expansión en un nuevo mercado.

Esta hiperdependencia del director comercial se considera que está quitando operatividad al departamento pues todas las decisiones dependen de una misma figura.

Con el fin de ganar en operatividad y toma de decisiones, Epsylom se plantea evolucionar hacia una estructura, que aunque introduce un nivel intermedio jerárquico entre los delegados y el director comercial: dos subdirecciones, que asumirán las decisiones tácticas a nivel comercial: la subdirección de venta indirecta de la cual dependerán todos los responsables de los canales indirectos y sus equipos en cada delegación y el responsable del canal digital; y la subdirección de venta directa de la cual dependerán las delegaciones territoriales y el funcionamiento de sus oficinas, y otras dos unidades que tendrán esa misma categoría organizativa como subdirección: la subdirección de soporte comercial que tendrá a su cargo las unidades de Marketing y Planificación además de la unidad de Postventa y Logística y la Delegación Internacional.

Esta estructura tendría como fin dotar a la dirección comercial de una mayor visión estratégica, con capacidad para centrarse en cuestiones relacionadas con el marketing y el estudio detallado de sus segmentos y la labor de planificación comercial centrada en el seguimiento de los resultados y el cumplimiento de los objetivos tanto comerciales como económicos y la definición de los procesos comerciales que permitan mejorar el servicio y aumentar la fidelidad de los clientes finales y distribuidores.

En cuanto a los perfiles de los miembros de la organización comercial, el director y los delegados (o subdirectores) deben tener fuertes dotes para el liderazgo, visión estratégica y facilidad para tomar decisiones; capacidad de análisis y competencias para la planificación.

En general, Epsylom considera que su equipo comercial debe tener conocimientos técnicos que garanticen la respuesta adecuada a cada pregunta relacionada con características y prestaciones de los productos. Ese conocimiento técnico no será tan necesario en aquellos perfiles de apoyo que se ocupan de los productos accesorios, pero sí, en cualquier caso, en todos aquellos comerciales que llevan a cabo tareas de ventas directa, relación directa con clientes, generalmente empresas y profesionales.

El perfil por tanto de los comerciales de Epsylom, tanto en el canal directo, como en el canal indirecto tiene que ser aquel cuyas competencias tengan que ver con una gran capacidad de escucha y comprensión del problema del cliente, proactividad y dinamismo para buscar la mejor solución, persistencia y positivismo, comunicación efectiva y empatía, y buenas dotes de negociación.

Epsylom apuesta por un equipo joven y dinámico, ampliamente motivado y al que siempre se le proponen planes de remuneración variable con comisiones muy interesante. La dirección de la compañía considera que el cambio frecuente de la estructura favorece la motivación en el equipo que siempre ve estos cambios organizacionales como ocasiones de mejora para escalar en el organigrama: abandonar puestos auxiliares y pasar a tener cierta influencia en la operativa.

Y a continuación pasamos a ver la propuesta de organigrama una vez analizada la excesiva dependencia de todas las unidades del director comercial.

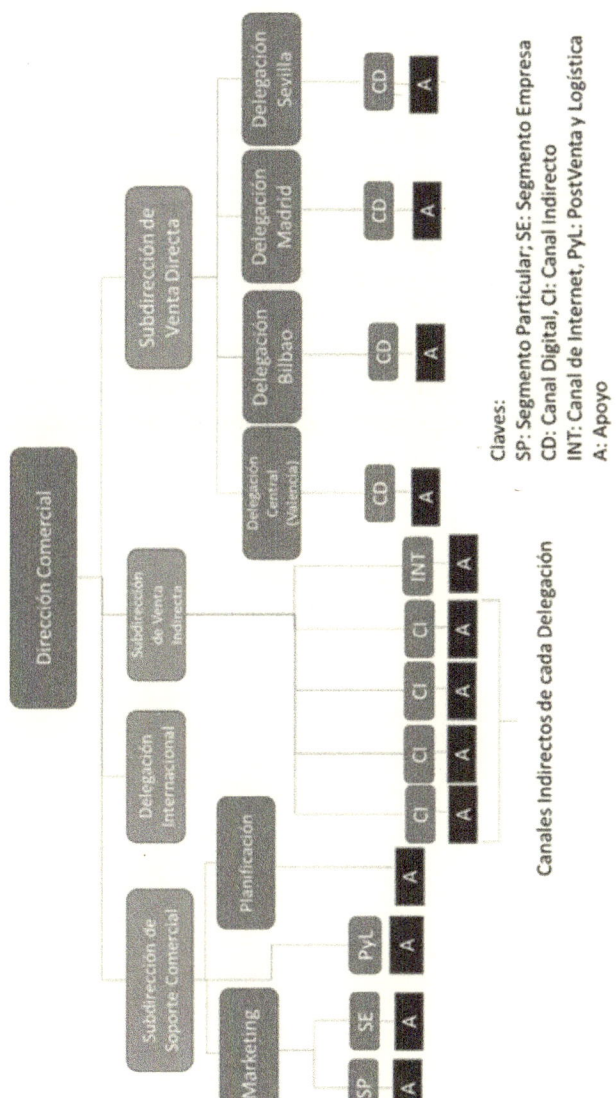

Figura 7.8. Organigrama revisado

157

El objetivo de este séptimo capítulo del proyecto que sirve como muestra de un proyecto de planificación comercial "paso a paso" ha sido mostrar cómo construir el organigrama comercial o del departamento comercial.

La dirección comercial es, probablemente, el área de la empresa en la cual las personas tienen el papel más relevante y por tanto, la gestión de este departamento tendrá como tema crítico la satisfacción y la capacidad para motivar a sus integrantes, cuestiones que no siempre serán fáciles de conseguir.

El organigrama en este caso presentado, busca la mayor operatividad de la primera línea, con responsables que puedan tomar decisiones sin que estas dependan del más alto responsable del área. La organización de acuerdo a la tipología de relación con los clientes (directa e indirecta) facilitará la especialización de quienes tienen que cumplir con la misión de conseguir los ingresos de la empresa para su viabilidad y rentabilidad.

Gestión de la fuerza de venta

Las organizaciones de ventas son dinámicas en las cuales el factor humano es determinante en su funcionamiento. Los directivos de las fuerzas de venta, además de impulsar la actividad del negocio, deben gestionar a sus equipos y esta gestión requiere de la realización de cuatro tareas fundamentales: selección, formación, motivación y evaluación. La gestión de la fuerza de ventas requiere también de la asignación de responsabilidades del grupo, impulsar la cifra de ventas, buscar nuevos segmentos de mercado y trabajar con diferentes bases de datos.

Referencia bibliográfica
Matarranz J.L. (2013). Gestión de la fuerza de venta. España: Clase-ejecutiva editorial, S.L.

Estilos de liderazgo en la dirección de ventas

La función gerencial del director de ventas está muy vinculada con la gestión de las personas con el fin de obtener de ellas lo mejor: participación, compromiso, colaboración, resultados, etc. Estas funciones del líder de ventas se desarrollarían a través de diferentes estilos de liderazgo: liderazgo emocional, liderazgo jerárquico y liderazgo emocional. Lo ideal sería que un líder tuviera estas tres características en una sola, aunque es reconocible que cada organización tendrá un líder con una de estas características.

Referencia bibliográfica
Matarranz J.L. (2013). Estilos de liderazgo en la dirección de ventas. España: Clase-ejecutiva editorial, S.L.

La misión del Key Account

El artículo nos presenta el concepto de Key Account o KAM (siglas de Key Account Manager) responsables de cuentas comerciales que se relacionan con los intermediarios y los clientes más importantes que una empresa puede tener y requieren una interlocución más directa. La lectura relaciona la figura de los KAM sobre todo con los canales de distribución, pero todo aquello que se menciona para la relación con un canal de distribución también se podría aplicar en los modelos directos.

Referencia bibliográfica
Matarranz, J.L. (2003). La misión del Key Account. España: Clase-ejecutiva, S.L.

Efectos del control del comportamiento en el desempeño del vendedor. La visión del equipo de ventas

El presente artículo aborda la cuestión del control que realizan los jefes de ventas sobre sus equipos y por consiguiente los resultados que se obtienen, realizándose varias hipótesis acerca de las variables relacionadas: comportamiento y actitud; comportamiento y desempeño; actitud y desempeño; motivación y desempeño; comportamiento estratégico y desempeño. La conclusión del artículo destaca sobre todo que el control sobre el vendedor lleva consigo la mejora de los resultados.

Referencia bibliográfica
Ronda, P. C., & Boluda, I. K. (2008). "Efectos del control del comportamiento en el desempeño del vendedor. La visión del jefe de equipo de ventas". *Cuadernos de Economía y Dirección de la Empresa, 11*(34), 135-155.

CAPÍTULO VIII. OCTAVO PASO
LA INFORMACIÓN COMERCIAL

Introducción

En este capítulo abordaremos la cuestión de la información comercial como herramienta para la dirección comercial. La información comercial es imprescindible para la toma de decisiones, el conocimiento del cliente, de las actividades de los competidores y de los diferentes escenarios que ofrecen los mercados en los que una empresa está presente. Todo ello será fundamental para la dirección comercial y el manejo de las ventas.

Las empresas pueden manejar esta información con una triple misión: apoyar las decisiones estratégicas, enfocadas a las posiciones competitivas del negocio; orientar las decisiones tácticas, útiles para maximizar los resultados en períodos o campañas comerciales muy determinadas; y también impulsar los argumentos de las decisiones operativas del día a día que requieren cambios.

Palabras clave

Información, datos, sector y competencia, coyuntura económica, evolución de precios.

Reto

A través del contenido de esta lectura estaremos en disposición de responder a cuestiones relacionadas con la importancia que tiene la información e inteligencia comercial para la toma de decisiones de la dirección comercial. Algunas de estas preguntas son ¿por qué es importante la información comercial en el contexto de la planificación comercial? ¿cuáles son las fuentes de la información comercial? O ¿quién y cómo debe coordinarse esta información comercial?

Datos e Información

El diseño de cualquier plan que tenga cierto carácter estratégico requerirá de la recopilación de datos e información que permitirán realizar el diagnóstico de la situación en la cual se tendrá que desempeñar un negocio. Pero, ¿cuáles son las diferencias que hay entre los datos y la información? Está será la primera pregunta que responderemos para situar el contexto de lo que a lo largo de esta lectura se irá describiendo. La **sistematización** es lo que diferencia a lo uno de lo otro, a la información de los datos. Básicamente, cuando se disponen de datos, cifras, ratios, etc. en general, bien se puede afirmar que disponemos de *información,* lo cual no está alejado de la realidad, pero debemos ser más concretos con el fin de maximizar el beneficio que estos datos o información proporcionan a la organización que los recibe.

Disponer de datos como son las ventas de un competidor, el crecimiento de un sector o el número de puntos de ventas que hay en una ciudad y que venden determinado producto, son datos muy valiosos que ofrecen una información determinada sobre una cuestión particular y en un momento preciso, que pueden que sean simples datos o tengan categoría de información dependiendo de cómo se han obtenido y la razón por la cual se disponen de ellos. Será, por tanto, imprescindible que estos datos puedan situarse en un contexto.

Por lo tanto, esta es la principal diferencia que hay entre los conceptos de información y datos. A partir de ahora nos referiremos a los datos como, aquellos ítems que forman parte de los sistemas de información, y a ésta como, al conjunto de los ítems a través de los cuales se puede realizar el diagnóstico de la situación en la cual compite y se encuentra una empresa.

Información comercial

Las decisiones que se toman a diario en todas las empresas del mundo requieren de información (y probablemente algún dato relevante). La información que una empresa dispone le permite conocer la situación en la que la empresa se encuentra con relación a sus competidores, al sector, a la sociedad, a su país, y en general respecto a cualquier otra situación que tenga que ver con la empresa. Es decir, para una empresa que fábrica y comercializa automóviles, tener en cuenta la situación económica del país o de la región en la cual se establece será fundamental a la hora de realizar una previsión de ventas. También será imprescindible conocer la situación en la que se encuentran los competidores que también venden en la misma zona o la evolución del sector en general, incluso más allá de la zona en la cual la empresa opera.

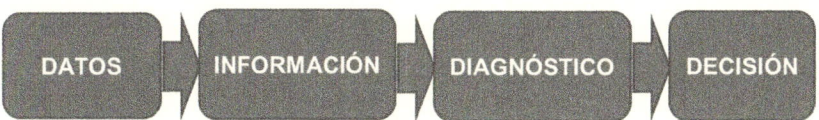

Figura 8.1. Secuencia de uso de los datos
Fuente: Elaboración propia

La interpretación de esta información y a partir de los datos e indicadores que la integran, los directivos comerciales y más en concreto el director de ventas tendrá argumentos que ayudarán a explicar las decisiones que tenga que tomar. Esta es la razón funda-mental por la cual la información comercial es algo tan importante para la dirección comercial. Sean decisiones estratégicas, tácticas, operativas e incluso políticas, la información disponible será clave y deberá ser una información amplia, valiosa y significativa con rela-ción a las decisiones que se tienen que tomar. Los aspectos, que esta información debería recoger de cara a la gestión comercial, estarán relacionados con los siguientes temas:

- Evolución del mercado;
- Acciones de la competencia y;
- Coyuntura del entorno.

La evolución del sector y del mercado debería incluir información sobre el desarrollo de nuevos productos, tendencias detectadas, em-presas y protagonistas que puedan estar incidiendo en dicho sector, más allá incluso del área de operación en la cual se encuentre una empresa. Es una obligación del director comercial, y por qué no de-cirlo también de toda la empresa, estar al tanto de la evolución y de los posibles cambios que se estén produciendo en ese sector. El com-portamiento del mercado es similar al de los océanos en los cuales las mareas y las olas terminan llegando a las orillas, al igual que lo son las modas o las tendencias de consumo.

Las acciones de la competencia inciden directamente en las decisiones que la dirección comercial debe tomar en el día a día, por ello es imprescindible el seguimiento de los principales competidores, sus precios y productos, la interpretación de sus estrategias y previsión de sus resultados. El conocimiento incluso de sus directivos y saber quienes están al frente de estas empresas de la competencia también será significativa, así como de sus socios, aliados y distribuidores.

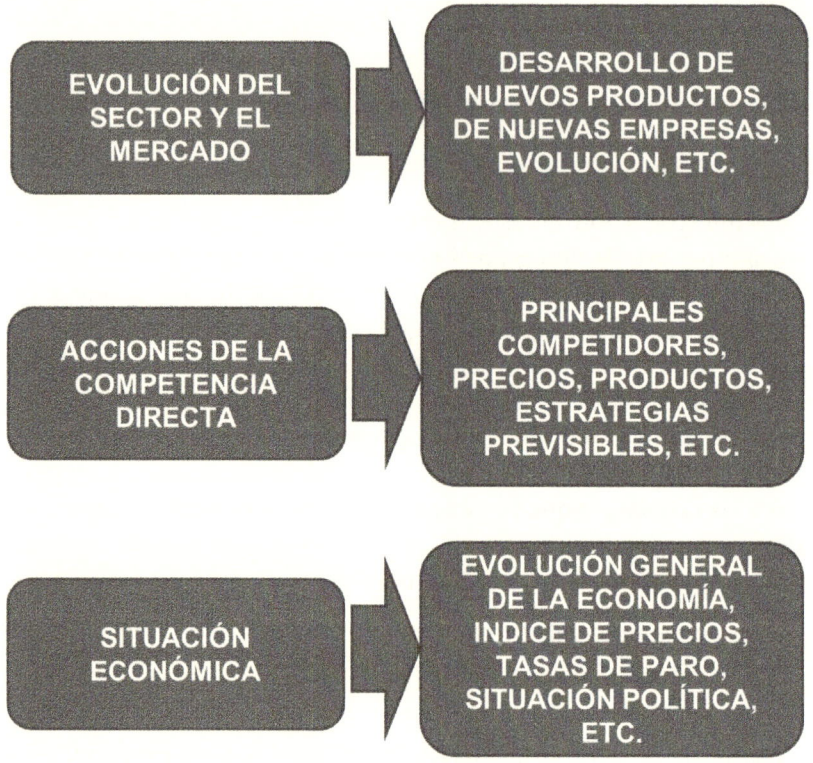

Figura 8.2. Parámetros de la Información Comercial
Fuente: Elaboración propia

El tercer aspecto por incluir en la información que la dirección comercial debe disponer e interpretar tendrá que ver con las situaciones macroeconómicas del mercado en el cual la empresa opera. Los datos sobre la situación económica que representan los índices de precios, la tasa de desempleo o incluso la situación política dependiendo del sector en el cual se desempeña la empresa pueden tener mucha importancia y pueden influir mucho en las decisiones que se deban tomar. La situación económica y social de un país o una región influirá en la evolución y los resultados que una empresa pueda tener, pero algunos de ellos pueden estar sometidos a regulaciones y leyes que influirán de manera determinante en los resultados y sus volúmenes de negocio.

Mapa de la Información Comercial y de las Decisiones

Las decisiones que la dirección comercial ejecuta pueden tener diferentes alcances y transcendencia para la gestión. Se debe diferenciar entre decisiones que tienen un carácter corporativo o político y que por lo tanto marca la manera de trabajar y comercializar los productos y servicios de la empresa, como puede ser el modelo comercial de la empresa (ver capítulo 1), o que tengan un carácter estratégico, que serán aquellas decisiones que teniendo en cuenta las decisiones tomadas desde una perspectiva política tengan el sentido de alcanzar los objetivos a través de ventajas competitivas. Un ejemplo de este tipo de decisiones puede ser, una vez elegido el modelo comercial, optar por aquellos aliados que realmente conlleven ventajas competitivas respecto a otros competidores.

En un tercer y un cuarto nivel de las decisiones de la dirección comercial estarán las decisiones tácticas y las puramente operativas, respectivamente; las tácticas serían aquellas decisiones que están planteadas para conseguir los mejores resultados en unas condiciones de mercado dadas y durante un periodo limitado de tiempo. Mientras que las decisiones operativas estarán enfocadas para mantener la operatividad de la compañía sin que se requieran recursos extraordinarios.

Estos niveles de decisión también requerirán niveles de información diferentes ya que también la influencia de estas decisiones tiene proyecciones en el tiempo, también, distintas y hay una relación directa entre la importancia que la información y los datos tienen con el periodo de tiempo para el cual se toma una decisión. Unos ejemplos de esta comparación sería el tiempo meteorológico que tendremos mañana para decidir si es una buena idea poner en circulación los camiones que deberían llevar la mercancía a sus centros de distribución si la previsión meteorológica es de lluvia y carreteras cortadas y por lo tanto puede ser una decisión acertada aplazar las fechas de entrega (decisión operativa) o la situación política y social de una país y que aconseje o no la presencia de una empresa en dicho país (decisión corporativa).

Figura 8.3. Mapa de la información y de las decisiones
Fuente: Elaboración propia

Las decisiones corporativas de una empresa requerirán de una información precisa y transcendente, no tanto por el volumen de datos que contenga esa información sino por su importancia. Por ejemplo, la invasión de Ucrania en febrero de 2022 por parte de Rusia es una información que para una empresa que tuviera planificada su expansión en algunos de estos países no requeriría de más datos para tomar la decisión.

Por otra parte, la decisiones operativas o más tácticas requerirán una información que contenga más datos, probablemente, y que su valoración en conjunto determine la decisión en su sentido o en otro. Es decir, una decisión táctica comercial no solo debería depender de la presencia de un nuevo competidor, por ejemplo, sino de su tamaño, su reconocimiento de marca, los productos con los que estará presente o sus precios de referencia.

Estructura de la información

La dirección comercial por tanto debe requerir una información que le permita tomar decisiones, tal y como se viene reiterando, una información y los datos que la integran que también deberá ser presentada de acuerdo con estas necesidades de decisiones. Por ello, será necesario elaborar diferentes tipos de informes y alcances. Los responsables de recopilar esta información tendrán que atender a tres tipos de necesidades de acuerdo con la gestión que una dirección de comercial debe realizar.

Para esta necesidad es conveniente que se diseñe una estructura de información cuyo objetivo sea disponer de una serie de informes que podrán ser semanales, mensuales o trimestrales en función de los datos que se pueden incluir y en el impacto que tendrían en las decisiones.

Por ejemplo, los informes semanales que puedan realizarse deberán contener datos enfocados a las decisiones operativas y tácticas de rápida implantación y cuyos efectos puedan ser rápidamente percibida en los resultados de la empresa. Estos informes deberían ser sobre la competencia fundamentalmente.

Los informes mensuales, por otra parte, también enfocados para reforzar decisiones tácticas y señalar tendencias también deberían contener datos sobre la competencia, principalmente, y la evolución del sector. Estos informes en su conjunto permitirán tener una visión de la tendencia y por lo tanto podrá respaldar decisiones estratégicas.

Por último, se puede mencionar la necesidad que la empresa, incluyendo a su consejo de administración o junta general, requiere una información que tenga un carácter mucho más estratégico y cuya profundidad permita tomar decisiones más trascendentes para el negocio, como pueden ser también las acciones también estratégicas de los competidores más importantes, la evolución del sector en su conjunto y aquellas cuestiones que tengan relevancia económica para el entorno y el mercado, como algunos de los ejemplos a los que ya hemos hecho referencia en este octavo paso.

FUENTES DE LA INFORMACIÓN

Nos referiremos a continuación a las fuentes de información y a las herramientas que los responsables de la elaboración de la información comercial, que principalmente serían aquellos que son también los responsables de la planificación comercial, pueden utilizar. De acuerdo con lo que se viene explicando, en la elaboración de esta información comercial hay tanto aspectos cualitativos como cuantitativos que también dependerán de sus fuentes y de los métodos que se utilicen para su recopilación.

También habrá aspectos de inmediatez que pueden ser de mucho valor para la organización comercial. Esto implica que la primera fuente de información que la dirección comercial tiene, es el propio equipo que está en contacto con los clientes, consumidores o distribuidores. Esta es la primera información que debe llegar a la dirección comercial y que, aunque tenga un alcance operativo o táctico simplemente, servirá para responder a las acciones de la competencia eficazmente.

Por otra parte, las empresas con frecuencia requieren de información más elaborada a partir de datos de coyuntura económica e investigaciones empresariales, que requieren de especialistas para la elaboración de este tipo de información. Para este tipo de informes y de estudios, en este caso, se requerirán consultores externos e institutos de investigación cuyos trabajos tienen una mayor profundidad y capacidad de análisis.

Las fuentes de información también se suelen reconocer por el origen con respecto a la propia empresa, describiéndose como fuentes primarias aquellas que proceden del conocimiento que la propia empresa tiene. Por otra parte, las fuentes secundarias de información son aquellas que la empresa dispone a través de bases de datos que no son de la propia empresa o informes ya elaborados y que la empresa adquiere. Un ejemplo de este tipo de información secundaria serían los informes de coyuntura y escenarios que las consultoras, institutos y organismos publican de manera abierta y que están a disposición de quienes se interesan por ellos.

La inteligencia del negocio: *Business Intelligence*

Para completar esta descripción de lo que debe ser la información comercial de manera muy genérica para cualquier empresa y enfocada a la toma de decisiones de la dirección comercial, nos vamos a referir a unos de los términos de mayor impacto en los últimos años en el entorno de las empresas, y que es el *Business Intelligence* o **Inteligencia de Mercado.**

La Inteligencia de Mercado hoy en día se entiende como el conjunto de tecnologías, procesos y herramientas que permiten obtener, analizar y datos empresariales, sobre todo relacionados con los clientes (gustos, tendencias, consumos y opiniones) que servirán para apoyar la toma de decisiones. El *Business Intelligence* incluye diferentes actividades como la extracción de datos, su transformación y carga de los datos en diferentes bases de manera centralizada. Estas bases de datos también son conocidas por el término *Data Warehouse* y cuyo objetivo será almacenar también datos históricos de una forma estructurada y optimizada.

Una de las actividades a las que ha dado lugar la inteligencia de mercado es la minería de datos (*data mining*) cuyo objetivo es la búsqueda de patrones, tendencias y relaciones que hay entre las variables que las empresas manejan como fuentes de información.

En resumen, el *Business Intelligence* es la nueva función que las empresas disponen para la toma de decisiones y gestión de la información con el uso de la tecnología y de medios digitales que permitirán un acceso más rápido y eficiente de los datos almacenados.

Conclusiones

En la presente lectura hemos abordado la cuestión de la información comercial y su importancia como herramienta para la toma de decisiones de la dirección comercial, bien sean decisiones tácticas, estratégicas u operativas, sin descartar que ciertas operaciones políticas o corporativas también requieran más información. Desde el punto de vista de la dirección comercial, la información más importante será la que aborde cuestiones relacionadas con el seguimiento de la competencia, el propio sector y la coyuntura en la que se encuentren los mercados. Por tanto, la información es un aspecto clave de la gestión y de las decisiones que debe ser manejada de manera formal y estructurada, siendo el Business Intelligence un paso más, y que a través de la tecnología, hace posible disponer de un mayor volumen de información y que su análisis sea más fácil y profundo.

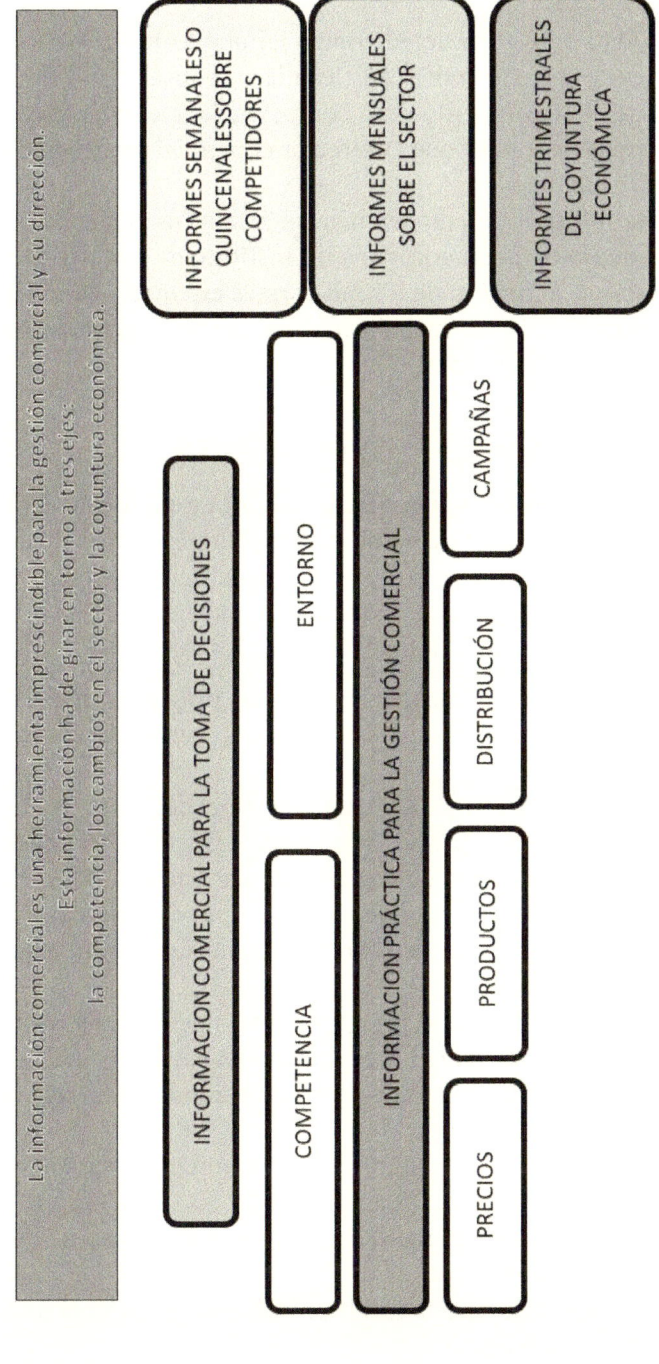

La información comercial es una herramienta imprescindible para la gestión comercial y su dirección.

Esta información ha de girar en torno a tres ejes:

la competencia, los cambios en el sector y la coyuntura económica.

INFORMES SEMANALES O QUINCENALES SOBRE COMPETIDORES

INFORMES MENSUALES SOBRE EL SECTOR

INFORMES TRIMESTRALES DE COYUNTURA ECONÓMICA

INFORMACION COMERCIAL PARA LA TOMA DE DECISIONES

COMPETENCIA

ENTORNO

INFORMACION PRÁCTICA PARA LA GESTIÓN COMERCIAL

PRECIOS

PRODUCTOS

DISTRIBUCIÓN

CAMPAÑAS

APLICACIÓN PRÁCTICA DEL PASO 8

La unidad de planificación comercial que forma parte de la subdirección de soporte comercial tiene la responsabilidad de realizar el informe de seguimiento de la competencia que redacta cada quince días y que sirve para que el director comercial lo presente en el Comité Dirección.

Este informe de competencia se elabora a partir de un estudio anual que la empresa encarga a un instituto de investigación comercial sobre la actividad de los fabricantes españoles en el sector de la informática y la información interna que proporcionan los propios comerciales de Epsylom.

El informe anual sobre la Competencia

Desde hace tres años la empresa elabora este informe el cual se encarga durante el mes de octubre, se elabora en el mes de noviembre, y se presenta al cliente (a Epsylom) justamente después de la campaña de Navidad. Tiene un ámbito nacional, es decir, la información abarca el territorio nacional y contiene los siguientes ítems:

- Número de fabricantes nacionales presentes en distribuidores y puntos de venta presenciales, con ventas mayores a 250.000 euros.
- Gama de productos y cuota de mercado.
- Evolución de precios y productos estrella de cada fabricante con un volumen de negocio por encima de 1.000.000 euros.
- Número de distribuidores en los que se vende Epsylom y otras marcas, número de marcas presentes y nombre del principal destacado.
- Cuota de mercado por fabricantes nacionales y cuota de mercado de los fabricantes nacionales en los principales distribuidores de electrónica a nivel nacional (El Corte Inglés, Media-Markt y Fnac).
- Principales distribuidores por volumen de negocio y ventas de equipos.
- Número de distribuidores y puntos de ventas surgidos desde el último informe.
- Número de fabricantes nacionales surgidos en el último año y su ámbito de actuación.

- Ciclo de vida estimado de los productos competidores con los productos de Epsylom.

En el último informe entregado por la firma consultora a Epsylom en enero de 2019 y realizado a lo largo de 2018 se recopilaron los siguientes datos que en modo resumen son los siguientes:

- Número de fabricantes nacionales presentes en distribuidores y puntos de venta presenciales, con ventas mayores a 1 millón de euros:

12 fabricantes. Volúmenes de facturación según depósito de cuentas de cada uno de los fabricantes.

Fabricante A: 18,5 millones de euros
Fabricante B: 14,6 millones de euros
Fabricante C: 12,2 millones de euros
Fabricante D: 11,9 millones de euros
Fabricante E: 9,5 millones de euros
Fabricante F: 7,8 millones de euros
Fabricante G: 5,3 millones de euros
Fabricante H: 3,2 millones de euros
Fabricante I: 3,1 millones de euros
Fabricante J: 2,9 millones de euros
Fabricante K: 1,5 millones de euros
Fabricante L: 1,2 millones de euros

El sector factura 125 millones de euros y en él se incluyen más de 60 empresas que fabrican equipos informáticos y accesorios, tanto para su propia marca como para terceros. Estos datos no incluyen las ventas de empresas y marcas no españolas.

- Gama de productos y cuota de mercado:

  1. Equipos informáticos de consumo (ordenadores y portátiles): 75 millones de euros (60%)
  2. Tabletas y otros equipos: 30 millones de euros (24%)
  3. Accesorios y dispositivos: 20 millones (16%)

- Evolución de precios y productos estrella de cada fabricante con un volumen de negocio por encima del millón de euros:

Empresa Competidora	Producto Principal	Precio Mínimo	Precio Máximo
EMPRESA A	Ordenador mesa	650 €	800€
EMPRESA B	Portátil 14"	345 €	390 €
EMPRESA C	Portátil 12"	410 €	545 €
EMPRESA D	Ordenador mesa	900 €	910 €
EMPRESA E	Tableta de 6"	190 €	210 €
EMPRESA F	Portátil de 15"	500 €	545 €
EMPRESA G	Tableta de 7"	368 €	368 €
EMPRESA H	Ordenador mesa	1.100 €	1.100 €
EMPRESA I	Drive de 64 MB	56 €	65 €
EMPRESA J	Cable USB	12 €	14 €
EMPRESA K	Cable USB	9 €	9,25 €
EMPRESA L	Drive de 16 MB	24 €	28 €

- Número de distribuidores en los que se vende Epsylom y otras marcas, número de marcas presentes y nombre del principal competidor:

De los 75 distribuidores que tiene Epsylom, un 24% no son exclusivos y en ellos se venden otras marcas, quiere esto decir que son 18 distribuidores en los que Epsylom compiten.

La marca líder del sector de fabricantes españoles Fabricante A, está presente en 16 de los 18 distribuidores no exclusivos. En 7 de los 18 distribuidores hay más de cinco marcas presentes, en 6 hay solo tres marcas y en los otros 5 distribuidores Epsylom solo compite con una marca: en cuatro de ellos con la marca líder y en el otro con la EMPRESA L puesto que es una cadena que solo vende accesorios informáticos low-cost

- Cuota de mercado por fabricantes nacionales y cuota de mercado de los fabricantes nacionales en los principales distribuidores de electrónica a nivel nacional (El Corte Inglés, Media-Markt y Fnac):

La cuota de mercado de los fabricantes españoles frente a los fabricantes no nacionales es del 20%, y en las principales cadenas es:

El Corte Inglés: 16%
MediaMarkt: 21%
Fnac: 7%

- Principales distribuidores por volumen de negocio y ventas de equipos (nacionales y no nacionales) (excepto cadenas nacionales):

  Distribuidor A: 1,5 millones y 1.875 equipos (ordenadores, portátiles y tabletas).
  Distribuidor B: 1,8 millones y 2.106 equipos.
  Distribuidor C: 2,7 millones y 3,224 equipos.
  Distribuidor D: 3,1 millones y 3.258 equipos.
  Distribuidor E: 4,6 millones y 5.899 equipos

- Número de distribuidores y puntos de ventas surgidos desde el último informe:

  34 distribuidores y 290 puntos de ventas repartidos en las 17 comunidades autónomas.

- Número de fabricantes nacionales surgidos en el último año y su ámbito de actuación:

  Los fabricantes nuevos son cuatro: dos fabricantes de accesorios y dos fabricantes-ensambladores de equipos (ordenadores y portátiles).

- Promedio del ciclo de vida estimado de los productos competidores con los productos de Epsylom:

Ordenador de mesa: 14 meses
Portátil: 17 meses
Accesorio tipo A: 4 meses
Accesorio tipo B: 8,5 meses
Accesorio tipo C: 13 meses

Junto a este informe anual, la dirección comercial dispone de un informe semanal con los precios promedios que obtienen del seguimiento por muestreo que recursos internos (comerciales y unidad de telemarketing) realiza.

Este informe se presenta en una sencilla tabla en la cual se muestra el promedio de las semanas hasta la semana n-1, los precios de la semana n-1 y los precios detectados para la semana n de los productos de mayor venta de Epsylom:

Productos	Precios Promedio hasta la semana n-1	Precios de la semana n-1	Precios de la semana n
Ordenador de mesa	850 €	847 €	845 €
Portátil	438 €	460 €	467 €
Tableta 6"	290 €	285 €	283 €
Mix de Accesorios	54,89 €	65,90 €	52,90 €

Este informe de precios semanal se integra en el informe quincenal de competencia en el cual se informa de la actividad comercial de los competidores, detectados a través del seguimiento en los medios, páginas de internet, blogs, revistas especializados y cualquier otro dato e información que se llegue a tener vía los comerciales, distribuidores y colaboradores que tenga Epsylom.

Junto a estos informes quincenales, la unidad también se encarga de hacer seguimiento y análisis a la información que organismos como el INE, Instituto Nacional de Estadística, publica sobre cuestiones muy relacionadas con las actividades de la empresa (ver informes anexos): encuesta sobre el uso de tecnologías informáticas y comunicaciones TIC tanto en empresas como en hogares, por ejemplo.

CONCLUSIONES

El objetivo de este octavo capítulo del proyecto que sirve como muestra de un proyecto de planificación comercial "paso a paso" ha consistido en mostrar la información comercial que la dirección comercial debería disponer como soporte de todas las decisiones que deberá tomar, tanto estratégicas como operativas.

En estos informes deberán contener información diaria sobre las decisiones de la competencia o del sector e información, también, coyuntural sobre el país, con datos sobre inflación, tasa de desempleo o crecimiento económico del país.

Pero, sobre todo, la información comercial más valiosa para la dirección comercial será la que está referida a precios, productos, distribuidores, cuotas de mercado, lideres de mercado, etc. Esta información, también, estará disponible a través de estudios e informes que empresas de consultoría e institutos de investigación proporcionan bajo demanda o por difusión abierta.

El control a la distribución: Los mystery shopping

El artículo describe la utilidad que los procesos de seguimiento, control y auditoría tienen para mejorar la calidad de las redes de distribución. Los fabricantes y las grandes cadenas detallistas desarrollan proyectos de seguimiento de los puntos de venta, a través de visitas misteriosas que tratan de comprobar el nivel de servicio y atención a los clientes. Los informes y resultados servirán para establecer planes de mejora.

Referencia bibliográfica
Matarranz, J.L. (2013). El Control a la distribución: Los mystery shopping. España: Clase-ejecutiva editorial, S.L.

Herramientas para la evaluación de la competencia

La OCDE (Organización para la Cooperación y Desarrollo Económicos) es un organismo que agrupa a 34 países miembros cuya misión es promover políticas que mejoren las condiciones de vida de los ciudadanos. La OCDE promueve las políticas que favorecen la prosperidad, la igualdad, las oportunidades y el bienestar de las personas. El documento es extenso, pero tiene mucho interés por cuanto expone las condiciones que los países deben controlar para favorecer la competitividad en los países y que ayude al desarrollo de éstos.

Referencia bibliográfica
OCED (2011). Herramientas para la evaluación de la competencia. Recuperado de: htpps://www.oecd.org/competition/toolkit

El Cliente y la Rentabilidad de la Empresa

La lectura siguiente destaca la importancia que tiene la gestión del cliente, una vez que ya lo es. La actividad comercial va más allá de una venta o de la transacción económica que intercambian cliente y empresa. La rentabilidad de una empresa reside también en la capacidad que la empresa tenga para conseguir la compra repetida del cliente, es decir que las compras sean habituales; cuanto mayor sea la frecuencia de esas compras, los ingresos también se incrementarán y consiguientemente su capacidad para alcanzar una rentabilidad mejor. El artículo propone realizar el análisis de la cartera de clientes desde la satisfacción de los clientes y la capacidad de retención que las empresas de sus clientes.

Referencia bibliográfica
Matarranz J.L. (2013). El Cliente y la Rentabilidad de la Empresa. España: Clase-ejecutiva editorial, S.L.

CAPÍTULO IX. NOVENO PASO
LA RENTABILIDAD COMERCIAL

Introducción

La rentabilidad empresarial es un objetivo prioritario para empresas de todos los tamaños y sectores, ya que su capacidad para generar ganancias es esencial para garantizar su supervivencia y crecimiento. Este concepto se relaciona con la eficiencia en el uso de recursos y la inversión, y se utiliza como indicador clave del éxito financiero. Además, dentro de esta noción, se encuentra la rentabilidad comercial, que se enfoca en evaluar la eficiencia de las actividades diarias de una empresa, como la compra y venta de productos o la prestación de servicios. A través de métricas como el margen bruto y operativo, se mide cómo estas operaciones contribuyen a los ingresos y beneficios de la empresa. Sin embargo, en un mundo empresarial cada vez más consciente de su impacto en la sociedad y el medio ambiente, la rentabilidad va más allá de los números.

En este capítulo también, se mencionará el concepto de la "triple cuenta de resultados", que evalúa no solo el resultado económico, sino también el social y medioambiental. Esta evolución refleja la importancia de equilibrar los objetivos financieros con el impacto en la comunidad y el planeta, proporcionando un marco integral para la toma de decisiones empresariales.

Palabras clave

Ingreso por cliente, ARPU, permanencia, tasa de deserción (CHURN), valor del cliente (customer value), rentabilidad, retorno.

Reto

A través del contenido de este capítulo vamos a conocer los principales términos que tienen que ver con la rentabilidad de los clientes y su gestión, así como de responder a cuestiones sobre su utilidad o el tipo de decisiones que la dirección comercial puede tomar con respecto a la rentabilidad comercial.

LA RENTABILIDAD COMO OBJETIVO DE LA EMPRESA

No es la primera vez que en este libro se menciona que toda empresa, sea cual sea su tamaño, su sector, su antigüedad, cultura, etc., tiene como primer objetivo la rentabilidad. La misión de una empresa no es la rentabilidad como tal, pero la consecuencia de su misión tiene que ser la rentabilidad que garantice la pervivencia y sostenibilidad de la empresa. Referido a esto, se puede decir que la rentabilidad empresarial es la capacidad de una empresa para generar ganancias en relación con los recursos y la inversión que la empresa emplea para su actividad y sus operaciones.

La rentabilidad, en general, se entiende como un indicador clave de la eficiencia y éxito financiero de una empresa. Para medirla se utilizan ratios como el margen de ganancia o retorno sobre la inversión. Una rentabilidad sólida significa que la empresa está utilizando sus recursos de manera eficiente para generar beneficios.

Esta idea de la rentabilidad, en general, también se puede aplicar a lo comercial. La rentabilidad comercial se fundamenta en el análisis de los resultados de una empresa o de un negocio en relación específicamente a sus actividades comerciales y operativas. Se refiere a la capacidad de una empresa para generar ganancias a partir de sus operaciones diarias, como la compra y venta de productos o la prestación de servicios. Este enfoque se concentra en la eficiencia de las actividades comerciales y cómo contribuyen directamente a los ingresos y beneficios de la empresa.

La rentabilidad comercial puede medirse mediante indicadores como el margen bruto o el margen operativo, que evalúan la relación entre los ingresos y los costes directamente relacionados con la producción y ventas y otros ratios o relaciones que permiten evaluar la eficiencia y el éxito de la gestión al que antes nos hemos referido.

Las empresas que consiguen una mayor rentabilidad financiera o económica hacen posible que sus socios y accionistas consigan un retorno más rápido de su inversión o superior a sus expectativas. Las empresas se sustentan en la figuran de los socios o accionistas (propietarios del negocio) cuyo fin es obtener un rendimiento a un capital invertido. Estas inversiones, bien sean a corto, a medio, o a largo plazo tienen como fin superar otras inversiones que el accionista podría hacer y cuya misión sería totalmente distinta, como pueden ser las inversiones financieras en bonos o en acciones; inversiones inmobiliarias, en obras de arte, etc., en las cuales el accionista no tiene mucho que decir ni que decidir y tan solo, tiene que esperar el retorno, y al mismo tiempo se disipan riesgos y responsabilidades.

Sin embargo, hoy en día, las empresas tienen ya unas expectativas más amplias queriendo hacer partícipes a los otros *stakeholders*[5] o partes interesadas de una empresa (trabajadores, clientes, proveedores, sociedad) de ese beneficio y que ha dado lugar a la triple cuenta de resultados.

La triple cuenta de resultados

La "triple cuenta de resultados" es un enfoque empresarial que busca medir el desempeño de una empresa no solo en términos de ganancias financieras, sino también en impacto social y ambiental. Esta metodología se centra en tres dimensiones clave: el resultado económico, el resultado social y el resultado medioambiental.

Ya que se ha hecho referencia al resultado, beneficio o rentabilidad financiera, abordemos los otros dos: el resultado social estará relacionado con el impacto de la empresa en la sociedad; esto incluye cuestiones como la calidad de los empleos creados, las prácticas laborales justas, la contribución a la comunidad local y el respeto a la diversidad y a la igualdad, por ejemplo.

Y, por otra parte, el resultado medioambiental tendrá que ver con el impacto ambiental de las operaciones de la empresa. Esto implica medir la huella de carbono, el uso sostenible de recursos, la gestión de desechos y el compromiso con prácticas empresariales responsa-

---

[5] El término lo introdujo R.E. Freeman a través de la obra Strategic Management: A Stakeholder Approach

bles con el entorno, así como el uso de materiales reciclables o modelos de negocios basados en la economía circular.

La triple cuenta de resultados busca equilibrar estas tres dimensiones para garantizar que una empresa no solo persiga el beneficio económico, sino que también actúe responsablemente y consciente de su impacto en la sociedad y el medio ambiente. Al adoptar esta perspectiva holística, las empresas pueden tomar decisiones más informadas y sostenibles, lo que a menudo les brinda una ventaja competitiva y les permite contribuir positivamente al mundo que las rodea.

¿CÓMO MEDIR LA RENTABILIDAD?

Calcular la rentabilidad comercial de una empresa implica evaluar su capacidad para generar ganancias en relación con la inversión y con los costes en los que incurre. La rentabilidad es una magnitud cuantificable que se puede representar a través de diferentes fórmulas o expresiones, y que darán la medida del rendimiento de los recursos empleados para conseguir los objetivos.

Una de las principales formas de dimensionar esta rentabilidad o de acercarnos al concepto es el **margen comercial** o simplemente **margen,** al que ya nos hemos referido en otras ocasiones, y que es la diferencia entre los ingresos y la suma de los costes y los gastos comerciales. El margen es el mejor indicador del beneficio que puede esperar una empresa, o también tiene que ver con la capacidad que la actividad comercial tiene para contribuir al beneficio final de la empresa. A mayor margen, mayores son los ingresos obtenidos a partir de los costes del producto o del servicio, y de los gastos empleados para la actividad comercial.

Otra métrica del rendimiento comercial es el **margen bruto,** o solamente la diferencia entre los ingresos obtenidos por la empresa y los costes de los productos o servicios, es decir, sería el margen comercial, pero eliminando de él los gastos comerciales. Cuando el margen bruto es elevado, es señal de que el precio de venta es muy superior al coste de generación del servicio o de fabricación del producto, indicativo que la empresa es capaz de añadir mucho valor al producto y el mercado está dispuesto a pagarlo. Un ejemplo de ello es el valor de la marca que una empresa puede aportar a un producto, a partir de un bajo coste de generación del producto.

Las fórmulas que representan estos conceptos son:

$$MARGEN = INGRESOS\ TOTALES\text{-}COSTES\ DE\ PRODUCTO\ O$$
$$SERVICIO\text{-}GASTOS\ COMERCIALES\ (1)$$

$$MARGEN\ BRUTO = INGRESOS\ TOTALES\text{-}COSTES\ DE\ PRODUCTO\ O$$
$$SERVICIO\ (2)$$

Expresiones que pueden formularse como porcentajes respecto a los ingresos totales, como:

$$\%\ MARGEN = \frac{MARGEN}{INGRESOS\ TOTALES}\ x\ 100 \quad (3)$$

$$\%\ MARGEN\ BRUTO = \frac{MARGEN\ BRUTO}{INGRESOS\ TOTALES} \quad (4)$$

Las fórmulas (1) y (3) representan el margen que una empresa obtiene una vez descontados los costes y gastos que la comercialización de sus productos requieren, sin embargo (1) lo representa en magnitudes absolutas mientras que (3) lo representa en términos relativos, siendo esta segunda forma la que mejor expresaría el rendimiento de los ingresos obtenidos: porcentaje alto, indicaría que la empresa estaría en disposición de obtener márgenes elevados o tiene a su alcance los buenos resultados sin que necesite un elevado volumen de facturación, mientras que un porcentaje bajo es el indicativo que la empresa para alcanzar un beneficio considerable en términos absolutos requeriría un volumen grande. Igualmente se puede decir de las fórmulas (2) y (4),

RENTABILIDAD Y RETORNO DEL COSTE
Y/O EL GASTO COMERCIAL (ROI)

Otras posibles formas que permiten dimensionar la rentabilidad, en este caso comercial son aquellas que permiten calcular la eficacia de un coste o un gasto con respecto a la capacidad que tienen para generar ingresos. Se expresan de la siguiente forma:

$$\%\ RETABILIDAD\ SOBRE\ EL\ COSTE = \frac{MARGEN\ BRUTO}{COSTES\ DE\ PRODUCTO}\ X\ 100 \quad (5)$$

$$\% \text{ RENTABILIDAD SOBRE LOS GASTOS COMERCIALES } = \frac{INGRESOS - GASTOS\ COMERCIALES}{GASTOS\ COMERCIALES} \times 100 \quad (6)$$

Y también se podría calcular respecto a la suma de los costes y gastos comerciales, que sería una forma más de representar el margen comercial obtenido en función de los recursos comerciales necesarios para la comercialización.

$$\% \text{ RENTABILIDAD SOBRE LOS GASTOS Y GASTOS COMERCIALES } = \frac{MARGEN}{COSTES\ Y\ GASTOS\ COMERCIALES} \times 100 \quad (7)$$

Estas expresiones, similares al ROI (*return of invesment*) que se emplea en el análisis financiero, evalúan la eficacia de los recursos en relación con los ingresos generados pues el numerador de las fórmulas (5), (6) y (7) es la diferencia entre los ingresos y cada uno de los términos que también configura el denominador. Asimismo, del análisis de estas expresiones se deduce que, mientras que los porcentajes de los márgenes (bruto o comercial) nunca podrán ser superiores al 100%, las rentabilidades sí lo pudieran ser, desde el momento que los ingresos sean al menos el doble de la suma de los costes y gastos, o de cualquiera de ellos.

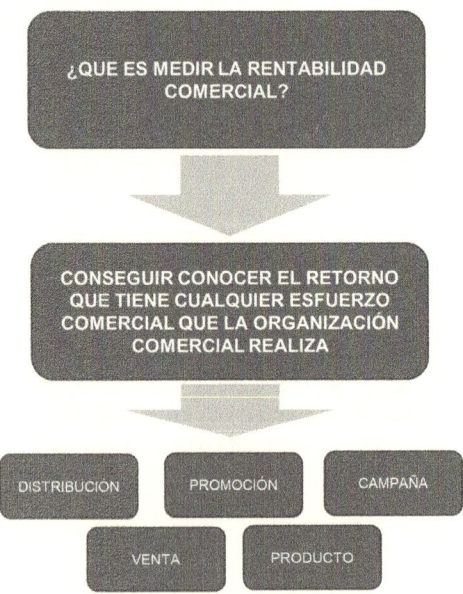

Figura 9.1. Medición de la rentabilidad comercial
Fuente: Elaboración propia

Otra manera de expresar la rentabilidad comercial o la eficacia de los costes y/o gastos comerciales, es hallar el retorno comercial que la empresa obtiene por cada euro, dólar o moneda empleada en la actividad comercial. Si al resultado de las expresiones (5), (6) o (7) se divide por 100, para expresarlo en términos absolutos y se le suma 1, el resultado que se obtiene es el ingreso por cada euro o dólar, que la empresa emplea como recurso:

$$Retorno\ Comercial = 1 + \frac{\%Rentabilidad\ Comercial}{100} \quad (8)$$

Estas formulaciones permitirán, por lo tanto, el cálculo de la rentabilidad como rendimiento de la empresa y el retorno que esta obtiene respecto a cualquier gasto (entiéndase como *inversión*) que la empresa tiene que realizar para cuestiones como la distribución, las promociones, campañas publicitarias, recursos dedicados a las ventas o la mejora del producto. Este cálculo nos permitirá valorar y comparar los retornos obtenidos y cuales son los recursos que más beneficios generan y por lo tanto, sirve como indicador para determinar los posibles recursos que en el futuro serían los más eficientes.

LA RENTABILIDAD DE UN CLIENTE

Desde el punto de vista de la planificación y la dirección comercial, la rentabilidad por cliente es un aspecto fundamental. Hasta este momento nos hemos referido a la rentabilidad como un parámetro que aporta una información global de la empresa que la acerca mucho al resultado final. Sin embargo, la dirección comercial es un conjunto de decisiones que se deben ir tomando, precisamente, para conseguir el mejor resultado posible. Esas decisiones, precisamente, tendrán mucho que ver con los clientes que la empresa tenga; esto precisamente tiene mucha importancia y llega a ser estratégico en negocios B2B, donde la vinculación de cada uno de los clientes puede tener un valor muy alto para la empresa que vende el producto o el servicio.

Esta medida de la rentabilidad también tiene su importancia cuando la empresa comercializa un servicio, e igualmente cuando pueden haber compras recurrentes, lo cual está muy relacionado con un concepto igualmente importante en la dirección comercial como es la **fidelización del cliente.**

Precisamente, relacionado con este concepto de fidelización y para dimensionar los niveles de fidelidad de los clientes hacia las empresas (permanencia y duración de contratos, repetición de compras, etc.) se han definido otros parámetros que permiten dimensionar también estos conceptos. Algunos de estos conceptos son los que a continuación se definen:

El ARPU (Average Rate Per Unit)

El primero de ellos es el ARPU, cuyo acrónimo traducido del inglés significaría *"tasa media por unidad"*, pero que realmente se refiere a los ingresos que proporcionan los clientes y por tanto el ARPU es una medida del ingreso por cliente. La magnitud se calcula dividiendo los ingresos totales de la empresa por su número de clientes, lo que proporciona ese ingreso de referencia.

Esta magnitud, además de ser una métrica ideal para evaluar la salud financiera de la empresa y la eficiencia de la empresa, servirá para clasificar a los clientes de una empresa, entendiendo que serían clientes interesantes para la empresa aquellos cuyas compras o facturación estuvieran por encima del ARPU y serían menos interesantes o necesitarían algún tipo de acción aquellos que los ingresos aportados fueran menores al ARPU.

El ARPU es una métrica especialmente interesante para el sector de las telecomunicaciones y los servicios digitales, y también puede ser igualmente interesante de medir cuando un cliente mantiene una relación duradera con una empresa.

CHURN o tasa de deserción

Otra métrica, también muy utilizada en la industria digital, es el CHURN[6] o tasa para medir la deserción de los clientes o la pérdida de estos que tiene una empresa, que igualmente se puede emplear en cualquier sector en el cual se conozca el número de clientes en un instante y en otro que la empresa tenga.

---

[6] Churn significa en inglés rotación o abandono por lo que la expresión customer CHURN debe entenderse como la tasa de abandono de los clientes.

Por lo general, el CHURN se expresa como un porcentaje y se calcularía como:

$$\% CHURN = 100\,\% \frac{CLIENTES\ AL\ INICIO\ DE\ UN\ PERIODO - CLIENTES\ AL\ FINAL\ DE\ UN\ PERIODO}{CLIENTES\ AL\ INICIO\ DEL\ PERIODO} \quad (9)$$

De manera que, cuando los clientes al final de un periodo (el 31 de diciembre de un año cualquiera) es el mismo que al principio del periodo (el 1 de enero) el CHURN sería cero y por tanto, sería el resultado que reflejaría que la empresa no ha perdido ni ha ganado clientes, sigue manteniendo el mismo número de clientes.

Por otra parte, un CHURN negativo se interpretaría como una ganancia de clientes y cuando la empresa hubiera llegado a perder todos sus clientes, el valor de CHURN sería 100%. Un CHURN alto puede ser una señal de alerta para una empresa, ya que indica que está perdiendo una cantidad significativa de clientes, lo que puede tener un impacto negativo en los ingresos y la rentabilidad. Por otro lado, un CHURN bajo es deseable, ya que sugiere que una empresa está logrando retener a sus clientes y mantener relaciones comerciales a largo plazo.

Valor del Cliente o Customer Value

Por último, nos referimos al concepto y la métrica del **valor del cliente** (customer value), que es un concepto fundamental para la dirección comercial, y que se refiere al valor que un cliente aporta a la empresa durante su permanencia en la empresa. Este valor dependerá de las compras recurrentes, la lealtad del cliente y su contribución a los ingresos y beneficios de la empresa a lo largo del tiempo.

Hay dos enfoques principales para comprender y calcular el valor del cliente:

- **Valor del Cliente a Corto Plazo**: basado en las transacciones individuales y se calcula tomando en cuenta el beneficio que una empresa obtiene de un cliente en una única compra. Incluye el margen de beneficio de esa venta y cualquier gasto adicional que el cliente pueda generar, como costos de servicio o soporte.
- **Valor del Cliente a Largo Plazo**: cuyo enfoque es más amplio y se concentra en la relación a largo plazo con el cliente. Se calcula considerando todas las compras futuras que el cliente podría

realizar a lo largo de su vida como cliente de la empresa. Esto incluye compras recurrentes, recomendaciones a otros clientes y cualquier otro impacto positivo que el cliente pueda tener en la empresa.

Calcular y comprender el valor del cliente es esencial para las estrategias de marketing y gestión de relaciones con los clientes. Algunas razones por las que el valor del cliente es importante incluyen:

- **Toma de Decisiones Estratégicas:** permite a las empresas identificar qué segmentos de clientes son más valiosos y enfocar sus recursos en retener y atraer a esos segmentos.
- **Estrategias de Retención de Clientes**: ayuda a determinar cuánto se puede invertir en programas de fidelización y retención de clientes para garantizar la rentabilidad a largo plazo.
- **Adquisición de Clientes:** permite evaluar cuánto se puede gastar en adquirir nuevos clientes a través de marketing y publicidad, en relación con el valor que esos clientes pueden aportar en el futuro.
- **Personalización y Marketing Dirigido:** permite personalizar las ofertas y el servicio al cliente para maximizar la satisfacción y, por lo tanto, el valor a largo plazo de cada cliente.

En resumen, el valor del cliente es el parámetro que nos permite predecir o determinar los ingresos que un cliente puede llegar a aportar a un negocio durante un periodo de tiempo o a lo largo de todo el tiempo en el que esté vinculado a la empresa. La fórmula que mejor estima el valor de un cliente es:

$$CV = -\text{COSTE DE ADQUISICIÓN} + \sum_{n=0}^{n=N} \left(\frac{Ingreso\ año\ n}{(1+i)^n} \right) \quad (10)$$

donde:

i es la tasa de interés anual, pero también se puede utilizar de manera simplificada una expresión en la que se relacionan las frecuencias de las compras, la duración de la relación y la facturación media:

$$CV = \text{facturación media x frecuencia de compras x T(años)} \quad (11)$$

O

$$CV = 1 + M \frac{r}{1+i+r},\quad (12)$$

donde:

r, es la tasa de retención de cliente

EL VALOR DE LA CARTERA DE CLIENTES O *GOODWILL*

Por último, nos vamos a referir a un concepto también que tiene mucha importancia como objetivo final y por ser un elemento de la gestión de la gestión comercial que requiere mucha atención: **la cartera de clientes o *goodwill* (fondo de comercio).** Es tanta su importancia que se considera como un activo intangible con presencia en el balance de la empresa.

El valor de la cartera de clientes representa la relación sólida y favorable que la empresa establece con sus clientes a lo largo del tiempo, así como su reputación en el mercado. Este activo intangible es importante porque puede influir significativamente en el éxito y la rentabilidad de una empresa. La cartera de clientes se origina cuando una empresa invierte tiempo, esfuerzo y recursos en la creación de una base de clientes leales y satisfechos. Esto puede lograrse a través del servicio al cliente, productos de calidad, relaciones comerciales sólidas y una reputación positiva en el mercado.

Sin embargo, es importante señalar que la cartera de clientes o goodwill también es vulnerable: la mala gestión, la disminución en la calidad del servicio o problemas de reputación de la propia empresa y sus directivos pueden erosionar rápidamente este activo intangible. Por lo tanto, las empresas deben cuidar y nutrir constantemente sus relaciones con los clientes para preservar y hacer crecer su cartera de clientes.

Por tanto, la cartera de clientes o *goodwill* es un activo intangible valioso que representa la relación, la reputación y la lealtad de una empresa con sus clientes. Este activo puede influir en la rentabilidad, la valoración y la ventaja competitiva de la empresa y debe ser gestionado y protegido cuidadosamente para garantizar el éxito a largo plazo. Es un reflejo de la inversión a largo plazo de la empresa en la construcción de relaciones sólidas y duraderas con sus clientes.

Conclusiones

Este capítulo ha abordado la importancia de la rentabilidad en las empresas, destacando que es un objetivo fundamental para garantizar su supervivencia y sostenibilidad. La rentabilidad empresarial se relaciona con la capacidad de generar ganancias en relación con los recursos utilizados y se utiliza para medir la eficiencia financiera. Además, se ha introducido la noción de rentabilidad comercial, que se enfoca en la eficiencia de las operaciones diarias de la empresa y su capacidad para generar ganancias a partir de actividades como la compra y venta de productos o la prestación de servicios.

Igualmente se han explicado métricas clave como el margen bruto y el margen operativo para evaluar la eficiencia de estas operaciones. Este capítulo también ha abordado la "triple cuenta de resultados", que busca medir el desempeño de una empresa no solo en términos de ganancias financieras, sino también en términos de impacto social y ambiental. Se han presentado diversas fórmulas y métricas para dimensionar la rentabilidad, como el margen comercial y el margen bruto, y se explican sus diferencias y usos. Además, se ha mencionado la importancia de medir la rentabilidad por cliente y cómo esta métrica puede ser fundamental en la dirección comercial y para ello se emplean métricas como el CHURN para dimensionar la pérdida de clientes en el tiempo y su relevancia en la retención de clientes y la rentabilidad. También, se ha presentado el concepto del valor del cliente desde la perspectiva de los ingresos que aporta un cliente a lo largo de su relación con la empresa, tanto a corto como a largo plazo. Finalmente, se ha presentado el concepto de la cartera de clientes o goodwill como un activo intangible valioso que refleja la relación y la lealtad de una empresa con sus clientes, y se enfatiza la importancia de cuidar y nutrir estas relaciones para preservar y hacer crecer este activo crucial en la gestión empresarial.

REFERENCIA BIBLIOGRÁFICA ESPECÍFICA DEL CAPÍTULO:

Freeman, R. E. (2010). *Strategic management: A stakeholder approach*. Cambridge university press.

INFOGRAFÍA DEL PASO 9

La Rentabilidad Comerciales, el fundamento de la rentabilidad y de los beneficios que una empresa logra.

El control y el seguimiento de los resultados permitirá anticipar el resultado de la empresa a través del Margen Comercial

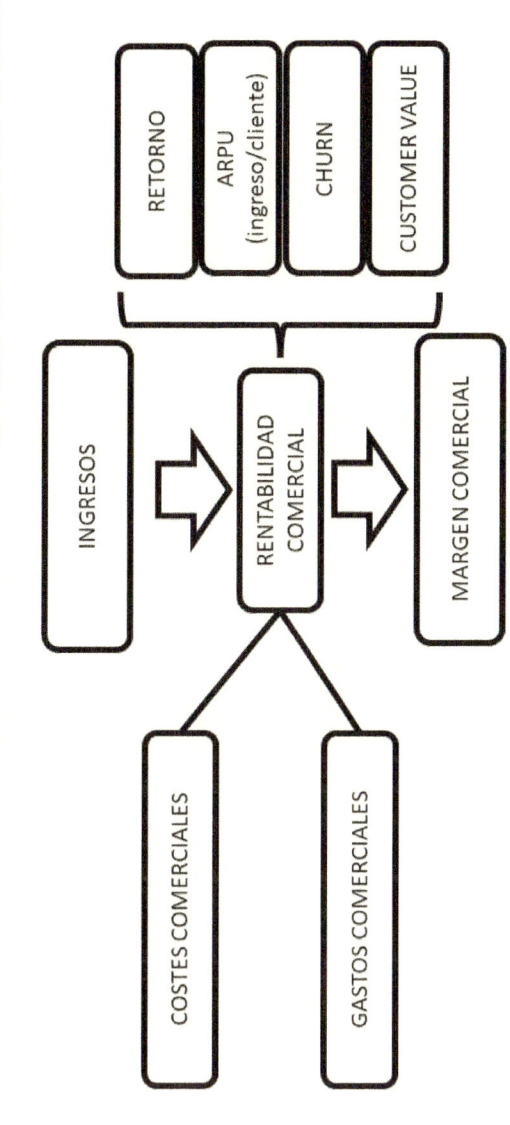

Epsylom aborda la cuestión de la rentabilidad comercial a partir de las relaciones que hay entre el margen y los gastos y costes comerciales que la empresa sostiene para generar dichas ventas.

En la siguiente tabla, y a partir de los datos ya usados en capítulos precedentes, se muestran ingresos, gastos y margen comerciales, con los cuales se calculará el parámetro de rentabilidad que Epsylom toma como referencia.

	2017 (real)	2018 (previsto)
Ingresos	3.257.909,00 €	4.692.000,00 €
	%	
Costes de Producto	1.791.849,95 €	2.300.000,00 €
Gastos Comerciales	537.554,99 €	737.000,00 €
Total Costes y Gastos	2.329.404,94 €	3.037.000,00 €
Margen Comercial	928.504,07 €	1.655.000,00 €
Margen Comercial (%)	28,5%	35,3%

Tabla 9.1

Y en la siguiente tabla introducimos los datos y cálculos relacionados con el retorno y la rentabilidad comercial, tanto del año 2017 como resultado, como las previsiones que se han efectuado para el año 2018.

Consideraremos el retorno comercial que tiene Epsylom como el número de euros por cada euro empleado como costes y gastos comerciales, que en 2017 fue de 1,40 €, es decir, por cada euro de gasto y coste comercial retornaron a la empresa a través de las ventas 1,40 €.

De acuerdo con los objetivos corporativos que la empresa tiene, este parámetro en 2018 pasaría a ser de 1,54 €.

	2017 (real)	2018 (previsto)
Retorno Comercial	1,40 €	1,54 €
Margen Comercial	928.504,07 €	1.655.000,00 €
Costes y Gastos Comerciales	2.329.404,94 €	3.037.000,00 €
Rentabilidad Comercial	39,86%	54,49%

Tabla 9.2

Este retorno comercial también lo podemos expresar como un porcentaje, es decir como rentabilidad comercial. Esta rentabilidad comercial se expresaría como la relación que hay entre los ingresos y los costes y gastos totales comerciales, según se expresa a través de la siguiente fórmula.

$$Rentabilidad\ Comercial = \frac{Ingresos - Costes\ y\ Gastos\ Comerciales}{Costes\ y\ Gasto\ Comerciales}$$

Expresión que permite calcular el retorno comercial a través de la siguiente forma:

$$Retorno\ Comercial = 1 + \frac{Rentabilidad\ Comercial}{100}$$

Por otra, y a nivel de control comercial, Epsylom considera de interés el cálculo de estos retornos comerciales tanto respecto a los costes comerciales (o costes del producto) como a los gastos comerciales (publicidad y desarrollo de producto).

	2017 (real)
Ingresos	3.257.909,00 €
Costes Comercial (Coste de Producto)	1.791.849,95 €
Gastos Comerciales	537.554,99 €
Retorno Comercial respecto al coste de producto	1,82 €
Retorno Comercial respecto a los gastos comerciales	6,06 €

Tabla 9.3

Y de acuerdo con lo presupuestado para 2018 estos parámetros serían:

	2018 (previsto)
Ingresos	4.692.000,00 €
Costes Comercial (Coste de Producto)	2.300.000,00 €
Gastos Comerciales	737.000,00 €
Retorno Comercial respecto al coste de producto	2,04 €
Retorno Comercial respecto a los gastos comerciales	6,37 €

Tabla 9.4

Que suponen una mejora de 0,22 € (12 %) en el rendimiento respecto del coste de producto en 2017 y de 0,31 € (5 %) en el rendimiento respecto de los gastos comerciales para 2018.

Para la empresa tiene mucha transcendencia el cálculo de la rentabilidad y el retorno comercial por línea de producto. Para ello y partir de los costes y gastos comerciales por cada una de las líneas de producto, se han obtenido y se controla la rentabilidad comercial del producto, tanto respecto a su coste, como el retorno comercial que tiene cada uno de ellos respecto de los gastos comerciales.

En las siguientes tablas se muestran estos datos de acuerdo con la categoría y línea de producto: ingresos, costes de producto, gastos comerciales y el total como suma de los gastos y costes comerciales.

A partir de estos datos se ha procedido a calcular la rentabilidad de cada uno de los productos respecto de sus costes, el retorno comercial y la rentabilidad total de éstos.

Los resultados para 2017 muestran la mayor rentabilidad sobre el coste de producto de la categoría de los accesorios con la especial relevancia de la línea de productos del tipo A.

En cuanto al retorno comercial por cada euro empleado en publicidad y palancas comerciales, el retorno de la categoría de los accesorios también es mucho mayor y es menor de 3 euros en la línea de productos de los portátiles, con una rentabilidad comercial menor al 8% y un margen comercial de poco más de 40.000 euros.

Aunque este margen comercial, inferior al 8%, hace pensar que no sería un producto rentable para Epsylom, se considera que este producto contribuye a prestigiar y posicionar la marca como una referencia en el mercado de los productos informáticos que favorece la venta de accesorios a unos precios sensiblemente mayores que a los que sus costes comerciales (coste de producto) podrían sugerir.

Categoría	Línea de producto	Ingresos	Costes de Producto	Gastos Comerciales	Total, Costes y Gastos
		2017 (real)			
Ordenadores	De mesa	1.075.109,97 €	656.890,56 €	188.144,24 €	845.034,80 €
	Portátiles	553.844,53 €	325.656,65 €	188.144,24 €	513.800,89 €
Accesorios	De tipo A	325.790,90 €	125.056,00 €	53.755,50 €	178.811,50 €
	De tipo B	488.686,35 €	256.907,12 €	53.755,50 €	310.662,62 €
	De tipo C	814.477,25 €	427.339,62 €	53.755,50 €	481.095,12 €
		3.257.909,00 €	1.791.849,95 €	537.554,99 €	2.329.404,94 €

Tabla 9.5

Categoría	Línea de producto	Ingresos	Rentabilidad sobre Costes Comerciales	Retorno sobre Gastos Comerciales	Rentabilidad Total
		2017 (real)			
Ordenadores	De mesa	1.075.109,97 €	63,67%	5,71 €	27,2%
	Portátiles	553.844,53 €	70,07%	2,94 €	7,8%
Accesorios	De tipo A	325.790,90 €	160,52%	6,06 €	82,2%
	De tipo B	488.686,35 €	90,22%	9,09 €	57,3%
	De tipo C	814.477,25 €	90,59%	15,15 €	69,3%

Tabla 9.6

CONCLUSIONES

El objetivo de este noveno capítulo del proyecto que sirve como muestra de un proyecto de planificación comercial "paso a paso" ha mostrado el cálculo de parámetros y ratios que nos proporcionan información sobre la rentabilidad y el retorno de la actividad comercial.

En capítulos anteriores se definió el Margen Comercial como primer parámetro de contribución al beneficio final de la empresa, pero también se deberán realizar medidas que permitan comparar diferentes partes que integran la estructura de costes y gastos, así como en las líneas y categoría de los productos que la empresa comercializa.

El Cliente y la Rentabilidad de la Empresa

La lectura siguiente destaca la importancia que tiene la gestión del cliente, una vez que ya lo es. La actividad comercial va más allá de una venta o de la transacción económica que intercambian cliente y empresa. La rentabilidad de una empresa reside también en la capacidad que la empresa tenga para conseguir la compra repetida del cliente, es decir que las compras sean habituales; cuanto mayor sea la frecuencia de esas compras, los ingresos también se incrementarán y consiguientemente su capacidad para alcanzar una rentabilidad mejor. El artículo propone realizar el análisis de la cartera de clientes desde la satisfacción de los clientes y la capacidad de retención que las empresas de sus clientes.

Referencia bibliográfica
Matarranz, J.L. (2013). El Cliente y la Rentabilidad de la Empresa. España: Clase-ejecutiva editorial, S.L.

Clienting y la lealtad de los clientes

El artículo también se puede considerar como continuación del anterior, que describe el proceso de gestión de los clientes que deberían realizar las empresas para conseguir la fidelidad de los clientes hacía la empresa. El artículo muestra las cinco fases del clienting para incrementar los ingresos a partir de la base de clientes que la empresa tiene: escuchar al cliente, diseñar servicios de calidad, añadir valor a determinados clientes, ejecutar los planes diseñados y proceder a su evaluación. El clienting es un nuevo enfoque para hacer negocios, que explícitamente se integran las actividades de marketing, de ventas y servicios.

Referencia bibliográfica
Matarranz, J.L. (2013). Clienting y la lealtad de los clientes. España: Clase-ejecutiva editorial, S.L.

Análisis de la rentabilidad económica (ROI) y financiera (ROE) en empresas comerciales y en un contexto inflacionario.

El artículo presenta con bastante rigor financiero el análisis de los estados financieros básicos (EFB) ajustados en entornos de alta inflación de cuatro empresas comerciales para determinar si es posible obtener un ROE positivo en función del ROI y en el artículo se concluye que la obtención de un ROE positivo no está función del endeudamiento, en contra de lo que señalan ciertas teorías que recomiendan el endeudamiento en entornos de cuyo endeudamiento sea alto.

Referencia bibliográfica

Contreras, I. (2006). Análisis de la rentabilidad económica (ROI) y financiera (ROE) en empresas comerciales y en un contexto inflacionario. *Visión Gerencial 1* (13-28).

Rentabilidad, poder de mercado y eficiencia en la distribución minorista

El trabajo estudia la relación existente entre la estructura del mercado y la rentabilidad en el sector español de distribución comercial minorista. La aportación principal del artículo es la utilización de una medición directa de la eficiencia que permite contrastar distintas hipótesis como es que los principales determinantes de los resultados de la cadena de supermercado tienen que ver con la concentración del mercado, la eficiencia o la cuota de mercado. El estudio se ha realizado a partir de 42 cadenas de supermercado.

Referencia bibliográfica

SELLERS RUBIO, Ricardo; MAS RUIZ, Francisco José. "Rentabilidad, poder de mercado y eficiencia en la distribución comercial minorista". *Revista Europea de Dirección y Economía de la Empresa*. Vol. 17, n. 4 (2008). ISSN 1019-6838, pp. 157-170

CAPÍTULO X. DÉCIMO PASO
EL CUADRO DE MANDO COMERCIAL

Introducción

En este último capítulo se abordará el tema del Cuadro de Mando Comercial (CMC) como herramienta de apoyo para la toma de las decisiones más importantes de la dirección comercial y que deberá ser diseñado con especial cuidado por el *staff* o equipo adjunto a la dirección comercial.

Tomando como punto de partida lo que es el CMI o Cuadro de Mando Integral *(Balanced Scoredcard)* diseñado por los académicos norteamericanos Robert Kaplan y David Norton, se mostrarán las posibilidades que esta herramienta ofrece para enfocarla al área comercial. Una adaptación de este CMI para convertirlo en un CMC que permitirá a la dirección de ventas tener a su disposición aquellas magnitudes críticas por su impacto en el resultado, las magnitudes estratégicas respecto a los objetivos corporativos del negocio. Este CMC le permitirá realizar el seguimiento preciso de los proyectos que el área impulsa y disponer de la información necesaria para tomar otras decisiones operativas relacionadas con el área de ventas y comercial (recursos humanos, dimensionamiento de la fuerza de ventas, rendimientos comerciales, etc.).

Palabras clave

Cuadro de Mando Comercial, magnitudes estratégicas, proyectos, cumplimiento de objetivos, desarrollo y funcionalidades.

Reto

A través del contenido de este capítulo estaremos en disposición de responder a las preguntas sobre el cuadro de mando y en particular sobre el cuadro de mando comercial, qué información debemos incluir en el cuadro de mando, cuál es la principal utilidad que tiene y quién debe elaborarlo.

El Cuadro de Mando Integral

El Cuadro de Mando Integral (CMI), también conocido como *Balanced Scorecard* (BSC) en inglés, es una herramienta de gestión estratégica que proporciona una visión completa y equilibrada del desempeño de todas las funciones de una empresa. Fue desarrollado por los expertos en gestión Robert Kaplan y David Norton en la década de 1990. Surgió como una respuesta a las limitaciones de los sistemas de medición de desempeño tradicionales, que se centraban en indicadores financieros y no proporcionaban una visión completa de la salud y la efectividad de una organización.

Las razones clave para la creación del CMI fueron las siguientes:

- Limitaciones de los indicadores financieros: Los sistemas de medición de desempeño tradicionales se basaban principalmente en indicadores financieros, como ingresos, utilidades y márgenes de ganancia. Kaplan y Norton argumentaron que estos indicadores eran insuficientes para evaluar adecuadamente el rendimiento de una organización y no proporcionaban información sobre los impulsores futuros del éxito.

- Enfoque en la estrategia: Kaplan y Norton creían que las organizaciones necesitaban una forma más efectiva de traducir su estrategia en acciones tangibles y medibles. Querían ayudar a las empresas a alinear sus actividades diarias con sus objetivos estratégicos.

- Perspectiva equilibrada: El CMI introduce cuatro perspectivas clave para medir el rendimiento de una organización: financiera, cliente, procesos internos, y aprendizaje y crecimiento. Estas perspectivas permiten una visión más completa y equilibrada del desempeño, teniendo en cuenta tanto los resultados pasados como los impulsores futuros.

- Comunicación y alineación: El CMI se diseñó para facilitar la comunicación de la estrategia en toda la organización y asegurar que todos los empleados comprendieran su papel en la consecución de los objetivos estratégicos.

- Enfoque a largo plazo: Kaplan y Norton alentaron a las empresas a mirar más allá de los resultados financieros a corto plazo y a considerar factores como la satisfacción del cliente, la calidad de los procesos internos y la inversión en el aprendizaje y el crecimiento del personal como impulsores fundamentales del éxito sostenible.

El Cuadro de Mando Integral (CMI) surgió como una herramienta innovadora para abordar las limitaciones de los sistemas de medición de desempeño tradicionales y ayudar a las organizaciones a alinear su estrategia, medir su desempeño de manera más completa y comunicar de manera efectiva sus objetivos estratégicos en toda la empresa.

En esencia, el CMI es un sistema que va más allá de las métricas financieras tradicionales para evaluar el rendimiento de una organización y para ello se basa en cuatro perspectivas clave:

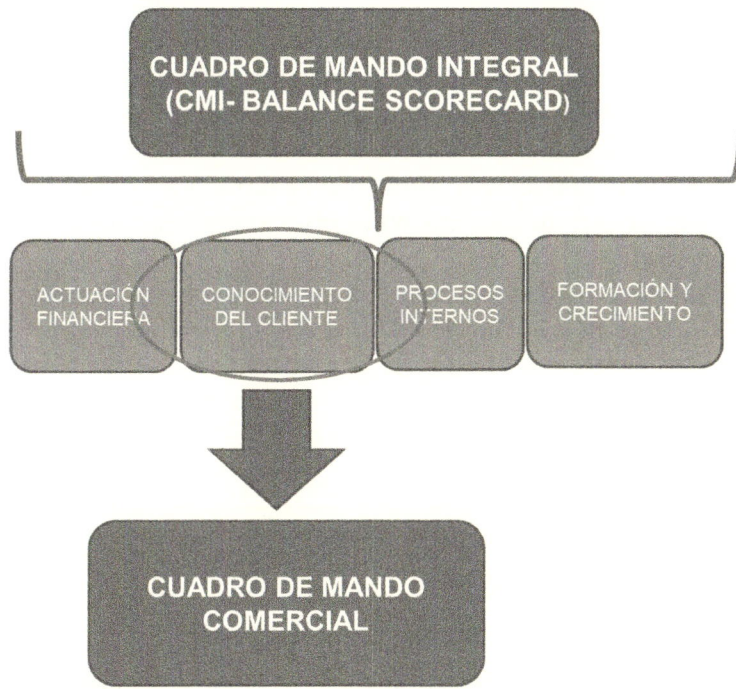

Figura 10.1. Perspectivas del Cuadro de Mando Integral (CMI)
Fuente: Elaboración propia basado en Norton y Kaplan (1992)

1. La perspectiva financiera, que evalúa el rendimiento financiero de la empresa mediante indicadores como ingresos, beneficios y flujo de efectivo. Esta perspectiva mide si la estrategia de la empresa está generando resultados económicos sólidos.

2. La perspectiva del cliente, que se centra en las necesidades y expectativas de los clientes. Aquí, se definen métricas relacionadas con la satisfacción del cliente, lealtad y retención, ya que clientes satisfechos suelen generar mayores ingresos.

3. La perspectiva interna, que examina los procesos internos críticos para el éxito de la organización. Identifica indicadores que miden la eficiencia, calidad y mejora de estos procesos.

4. La perspectiva de aprendizaje y crecimiento que analiza la capacidad de la empresa para aprender, innovar y adaptarse. Incluye métricas relacionadas con la formación del personal, la adquisición de nuevos conocimientos y la capacidad de innovación.

El CMI se utiliza para alinear los objetivos estratégicos en estas cuatro perspectivas, asegurando que todas las áreas de la empresa contribuyan de manera coherente a la visión y estrategia general. Proporciona un marco de seguimiento y control que ayuda a los directivos a tomar decisiones informadas y a ajustar estrategias según sea necesario.

Por tanto, el Cuadro de Mando Integral es una herramienta esencial para la gestión estratégica de una empresa, ya que ofrece una visión equilibrada que va más allá de los aspectos puramente financieros y promueve un enfoque integral en la toma de decisiones y la consecución de objetivos a largo plazo.

Cuadro de Mando Integral aplicado a la dirección comercial

La aplicación del Cuadro de Mando Integral (CMI) en la dirección comercial es fundamental para medir y mejorar el rendimiento de esta área crítica de una empresa. La implementación efectiva del CMI en la dirección comercial implica:

- Definir claramente los objetivos estratégicos y los indicadores clave de rendimiento (KPI) en cada perspectiva.
- Establecer un sistema de seguimiento y medición regular de los KPI.
- Alinear las actividades y decisiones comerciales con los objetivos estratégicos.
- Evaluar y ajustar las estrategias y tácticas en función de los datos recopilados.

En última instancia, la aplicación del CMI en la dirección comercial ayuda a las empresas a tomar decisiones informadas, a mejorar la eficiencia operativa y a maximizar los resultados financieros al garantizar que todas las iniciativas comerciales estén alineadas con la estrategia general de la empresa y orientadas hacia la satisfacción del cliente.

Teniendo en cuenta las cuatro perspectivas de CMI, la dirección comercial debe obtener valiosa información de cada una de ellas, tal y como a continuación se detalla:

1. Perspectiva Financiera: En la dirección comercial, esta perspectiva se centra en medir los resultados financieros derivados de las actividades de ventas y marketing. Esto incluye indicadores como ingresos generados, márgenes de beneficio, costes de adquisición de clientes y retorno de la inversión en marketing. La clave es asegurarse de que las estrategias y tácticas comerciales estén generando un impacto positivo en los resultados financieros.

2. Perspectiva del Cliente: Para entender las necesidades y expectativas de los clientes se pueden utilizar métricas como la satisfacción del cliente, la retención de clientes, la tasa de conversión de *leads* a clientes y el tiempo promedio de ciclo de ventas. Estos indicadores ayudan a garantizar que la dirección comercial esté enfocada en satisfacer a los clientes y en la generación de lealtad a largo plazo.

3. Perspectiva Interna: En esta perspectiva, se evalúan los procesos internos de ventas y marketing. Se pueden medir la eficiencia de los equipos de ventas, la efectividad de las estrategias de marketing, el ciclo de ventas promedio y la gestión de *leads*. Identificar y mejorar los procesos internos clave

puede aumentar la productividad y la calidad de la dirección comercial.

4. Perspectiva de Aprendizaje y Crecimiento: Aquí se enfoca en el desarrollo del equipo de ventas y marketing, así como en la capacidad de innovación en estas áreas. Métricas como la capacitación del personal, la adopción de nuevas tecnologías y la generación de nuevas ideas pueden ayudar a impulsar el crecimiento y la adaptación a un entorno comercial en constante cambio.

Utilidades del Cuadro de Mando Comercial

El Cuadro de Mando Comercial (CMC), por tanto, será una herramienta de utilidad a la dirección comercial que debe facilitar a ésta realizar un seguimiento de los resultados a través de las magnitudes principales de la actividad comercial: ingresos, número de unidades vendidas, facturación, etc., y que deberán estar explicitadas como uno de los capítulos fundamentales de esta herramienta de gestión; y junto a estas magnitudes aquellas que estén relacionadas con los objetivos estratégicos comerciales de la empresa como son la cuota de mercado, el valor de los clientes, los índices de permanencia o deserción, etc.

Pero esta herramienta de gestión y seguimiento de los resultados debe incluir también información y datos sobre los proyectos que la dirección comercial haya asumido como pueden ser las cuestiones relacionadas con la digitalización de procesos comerciales, la expansión comercial o el desarrollo de las habilidades comerciales y de nuevas competencias del equipo de ventas.

Es decir, el CMC debe ser la herramienta a través de la cual cualquier director o responsable del área comercial de la empresa tenga la información precisa, pueda evaluar la marcha de la actividad y le permita tomar las decisiones acertadas para mejorar resultados.

Figura 10.2. Contenidos fundamentales del Cuadro de Mando Comercial
Fuente: Elaboración propia

El CMC debe servir como compilador de la información de toda la empresa. La alta dirección, bien sea a través de los comités de dirección o consejos de administración, fija la estrategia y sus objetivos que deben ser asumidos por todas las áreas de la compañía incluyendo el área comercial y este cuadro debe recogerla y ser puesta en conocimiento de todo el citado departamento. Pues bien, serán estos argumentos los primeros que deberán estar incluidos en el cuadro de mando, tal y como se representa en la siguiente figura (Fig. 10.3), pero será también la herramienta de reporte que finalmente la propia dirección comercial debe presentar a la alta dirección de la empresa.

Figura 10.3. Utilización del Cuadro de Mando Comercial
Fuente: Elaboración propia

En cualquiera de los casos, la dirección comercial y el equipo que lo forman, siempre tendrán la oportunidad de diseñar un CMC de acuerdo con las necesidades de quien lo tiene que manejar e incluir en él todo lo necesario para realizar una gestión eficiente y eficaz y que facilite la consecución de unos excelentes resultados. A partir de las magnitudes estratégicas ya mencionadas y que son plenamente interiorizadas por la empresa, este cuadro de mando debería incluir aquellas otras cuestiones que hacen parte del seguimiento de la dirección y que permite tomar decisiones de manera rápida y fiable. Es en esta labor donde participan de manera decisiva el equipo de planificación comercial, ya que son los mejores conocedores de las magnitudes principales y los objetivos estratégicos de la dirección comercial.

Conclusiones

En este capítulo o último paso del proceso de la planificación comercial hemos abordado la cuestión del cuadro de mando integral aplicado a la dirección comercial. Se han expuesto las principales razones que impulsaron a Robert Kaplan y David Norton en el diseño de una herramienta eficaz para la gestión estratégica de la empresa.

Probablemente una de las mayores dificultades que todas las empresas tienen, es como trasladar la estrategia a acciones y decisiones concretas que las empresas deben tomar todos los días, teniendo en cuenta que los indicadores financieros no son suficientes para esta dirección. El CMI en su primera idea reúne cuatro perspectivas: la financiera, los clientes, los procesos internos, y el aprendizaje y crecimiento.

En este capítulo o paso se ha presentado la oportunidad de trasladar esta visión integral de la herramienta del Cuadro de Mando, al área comercial en la cual también están presentes estas cuatro perspectivas, pero en una menor escala, e igualmente útil para quienes tienen que gestionar un área tan sensible para una compañía como es la comercial. Se tratará, por lo tanto, de recoger en un documento ejecutivo aquellas cuestiones que cualquier alto ejecutivo comercial tiene que conocer y debe hacer el oportuno seguimiento para que en todo momento conozca la marcha del negocio y del área comercial de la empresa.

Referencia bibliográfica

Norton, R., & Kaplan, D. (1992). El Balanced Scorecard: mediciones que impulsan el esempeño. *Harvard Business Review, 83*(7), 102-110.

El CUADRO DE MANDO INTEGRAL traslada la estrategia a un documento que permite realizar su seguimiento y evaluarla.

El CMI permite tener una visión completa que todo ejecutivo necesita para la toma de decisiones.

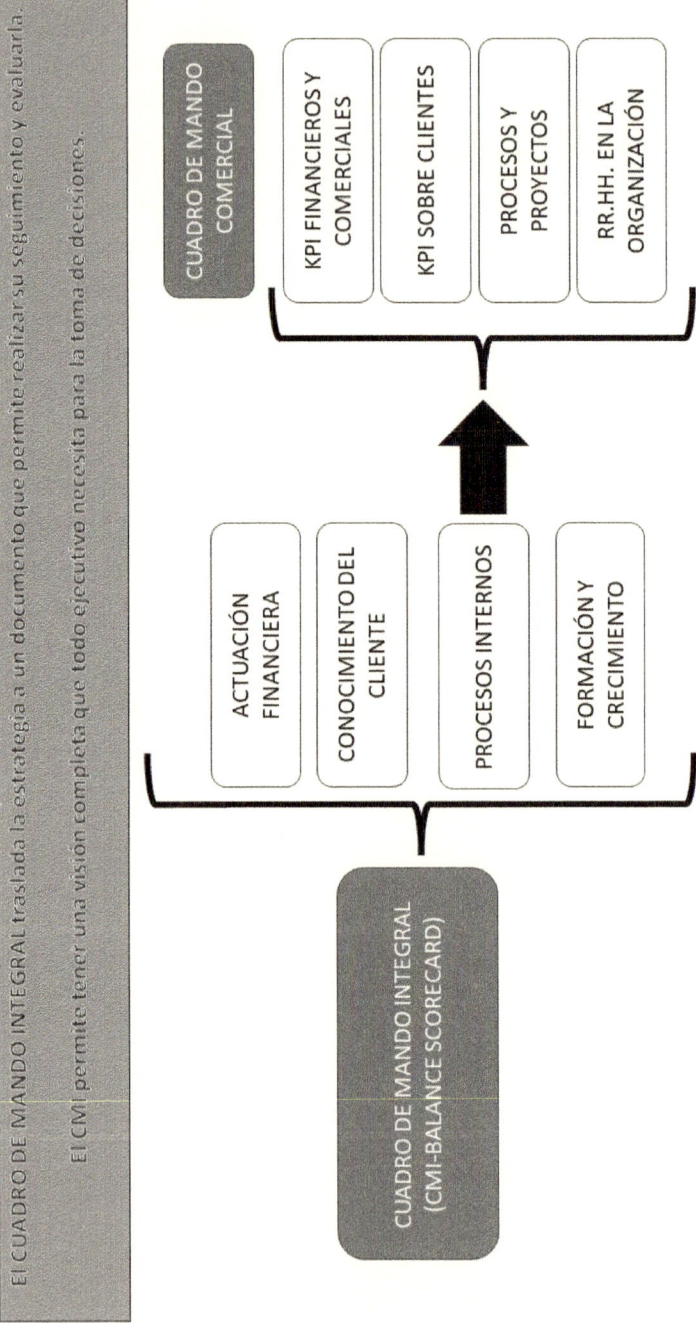

CUADRO DE MANDO INTEGRAL (CMI-BALANCE SCORECARD)

- ACTUACIÓN FINANCIERA
- CONOCIMIENTO DEL CLIENTE
- PROCESOS INTERNOS
- FORMACIÓN Y CRECIMIENTO

CUADRO DE MANDO COMERCIAL

- KPI FINANCIEROS Y COMERCIALES
- KPI SOBRE CLIENTES
- PROCESOS Y PROYECTOS
- RR.HH. EN LA ORGANIZACIÓN

El cuadro de mando que la dirección comercial de Epsylom dispone, recoge las magnitudes más importantes que conectan con los objetivos estratégicos que la empresa tiene. Estos objetivos estratégicos corporativos están directamente relacionados con magnitudes financieras vinculadas al desempeño comercial, la gestión de la base de clientes, los procesos vinculados con el servicio al cliente y la gestión de los recursos humanos o del talento.

Los objetivos corporativos del volumen y beneficio, establecidos por el Consejo de Administración de Epsylom, estarán vinculados con las ventas y con el margen comercial respectivamente, aunque estos dos parámetros se consideran que son independientes entre sí, un incremento en el volumen de las ventas y de la facturación deberían tener un efecto en el margen y la rentabilidad del negocio dado el aprovechamiento de las economías de escala. No obstante, no se puede decir que ello sea siempre así dado el efecto del mix de productos que tiene Epsylom, donde el aporte al margen y por tanto a la rentabilidad de la compañía dependerá del volumen de ventas de cada una de las líneas comercializadas, pues el margen de los diferentes productos también es diferente entre ellos.

Por tanto, se plantea el seguimiento del resultado en ventas en euros, por una parte, directamente vinculado al cumplimiento de los objetivos de crecimiento o de volumen de la empresa, y por otra parte, el seguimiento del margen como indicador comercial estrechamente vinculado al resultado y a la rentabilidad de la empresa.

El Plan Estratégico de la Compañía también vincula el cumplimiento de sus objetivos corporativos a la gestión de la cartera de clientes. La estrategia definida considera que en la medida que la cartera de clientes sea sana y esté fidelizada, mejorar los resultados y en concreto la rentabilidad de la empresa será más factible de conseguir, y una cartera sana de clientes tendrá que ver con el nivel de fidelización de estos. Igualmente, en la medida que, la empresa sea capaz de agrandar su base de clientes y lo haga de manera que se cuiden los costes comerciales, la probabilidad de alcanzar el objetivo planteado respecto de la cartera de cliente, también, será más fácil de conseguir. Por ello, se incluye en el cuadro de mando de la dirección comercial los siguientes parámetros de seguimiento: incremento de las ventas de los clientes carterizados, incremento de la base de cliente o de nuevos clientes, y el porcentaje que los costes comerciales representan respecto de las ventas del periodo.

Por lo tanto, desde el punto de vista comercial, los parámetros comerciales del cuadro de mando estarán muy vinculados a la gestión comercial de venta directa, los clientes que normalmente son empresas y compran los productos de Epsylom a través del equipo comercial de venta directa de la compañía.

Otro capítulo muy importante del plan estratégico de Epsylom es el de la mejora de los procesos vinculados al servicio y a la mejora de la calidad, en general, de toda la compañía. En la medida que la empresa sea capaz de ofrecer un servicio de mejor calidad, la satisfacción de cliente será mayor, y se considera que hay tres procesos directamente relacionados con el nivel de servicio. El primero de ellos tiene que ver con la calidad de producto y ésta tiene que ver con el número de reclamaciones que los clientes realicen por el mal funcionamiento de los productos. La calidad de los productos será más elevada en la medida que funcionen mejor y se produzcan menos fallos, y por tanto, cuando el número de las reclamaciones sea menor, la satisfacción de los clientes será mayor.

Esta satisfacción siempre será un factor que influirá positivamente en la fidelización de los clientes.

Otro factor que se considera influye positivamente en la satisfacción de los clientes que tiene Epsylom, es la disponibilidad de producto en los puntos de venta. En la medida, que los clientes encuentren siempre el producto que busquen en las tiendas y distribuidores donde acuden a comprarlos, la percepción de la calidad será mayor y el coste de oportunidad para vender siempre será menor. Por esta razón, se ha propuesto que en este Cuadro de Mando Comercial se incluya el número de roturas de stocks que durante el ejercicio se han venido sucediendo. Este parámetro permitirá controlar el proceso de suministro, la gestión de los stocks, y el nivel que el intercambio de información entre distribuidor y empresa ha alcanzado.

Por último, y asociado al nivel de servicio y atención al cliente, se ha considerado que el nivel de calidad de servicio al cliente puede estar asociado a un parámetro como es el tiempo de espera de los clientes cuando llaman al CAC o Centro de Atención al Cliente. Alguna de las gestiones que se realizan a través del CAC es el de la petición de turno para la asistencia técnica ante reparaciones y malos funcionamientos. Este aspecto será controlado a través de los tiempos de espera cuando los clientes llaman a este CAC, considerando que en la medida que esta atención se resuelva con mayor rapidez, la satisfacción del cliente será mayor.

Por último, los últimos parámetros que se incluirán en este cuadro de mando comercial tienen que ver la gestión del talento o del equipo, como recurso estratégico dentro de Epsylom. Las personas son dentro de Epsylom un aspecto fundamental en la política y la misión que tiene como empresa. En la medida que las personas que integran esta compañía estén vinculados y satisfechos por trabajar en ella, su desempeño será mejor y, por tanto, seguramente, el nivel de servicio será más satisfactorio para los clientes. Para tener un equipo humano motivado e integrado para Epsylom es prioritario trabajar con el equipo comercial a través de dos líneas de actuación: la capacitación para incrementar el nivel de competencias de los vendedores y *key accounts,* y el nivel de motivación, satisfacción y pertenencia de los empleados de la empresa.

La siguiente figura muestra el esquema de la Estrategia de Epsylom y que se toma como referencia para el diseño del Cuadro de Mando de su Dirección Comercial.

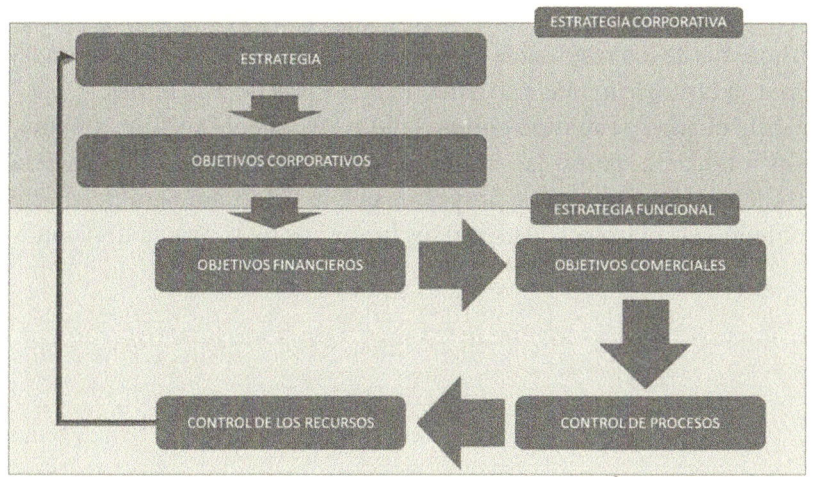

Figura 10.1. "Esquema de los niveles estratégicos de Epsylom"
Fuente: Elaboración propia

En la figura se han representado los dos niveles de la estrategia empresarial que el departamento de planificación comercial utiliza para la definición de su Cuadro de Mando Integral. Se ha partido de la definición de los objetivos corporativos definidos en el Plan Estratégico, como base y fuente de la estrategia funcional de la Dirección Comercial en la que se pasa de los objetivos corporativos a los objetivos financieros y de éstos a los objetivos comerciales. Estos se conseguirán en función del control que se pueden realizar de sus procesos implicados en la consecución de dichos objetivos y de los recursos clave empleados en tales procesos.

CONCLUSIONES

El objetivo de este decimo capítulo del proyecto que sirve como muestra de un proyecto de planificación comercial "paso a paso" ha consistido en mostrar como construir el cuadro de mando comercial basado en la idea del Cuadro de Mando Integral o Balance Scorecard que diseñaron Norton y Kaplan.

Este cuadro debe ser una herramienta útil para la gestión, el seguimiento de los resultados y proyectos del departamento comercial y, por lo tanto, le ayude a su director a la toma de decisiones.

Este cuadro de mando comercial o CMC deberá incluir información financiera, como la rentabilidad, el seguimiento de la cartera de clientes, los procesos y proyectos que la dirección comercial esté poniendo en marcha y los recursos humanos de la propia división.

CUADRO DE MANDO INTEGRAL APLICADO A LA DIRECCIÓN COMERCIAL

PERSPECTIVA	OBJETIVO	INDICADOR	METAS PROYECTADAS (2018)	REALES (octubre)	NIVEL DE CUMPLIMIENTO	PERÍODO TRANSCURRIDO	DECISIONES
FINANCIERA	CRECIMIENTO EN VENTAS	VENTAS	3.257.909,00 €	2.975.084,50 €	91%	83%	Mantenimiento del ritmo de campañas de cara a Navidad y final de año
	MEJORA DE LA RENTABILIDAD	MARGEN COMERCIAL	1.655.000,00 €	1.456.067,30 €	88%	83%	ligero aumentos de los gastos comerciales enfocados a fidelización de clientes
	FIDELIZACIÓN	% INCREMENTO DE VENTAS EN CLIENTES ACTUALES	18%	15%	83%	83%	Proponer acciones de fidelización para clientes con más de dos años de antigüedad
CLIENTES	CRECIMIENTO BASE DE CLIENTES	% INCREMENTO DE NUEVOS CLIENTES	15%	18%	120%	83%	Parar acciones promocionales para captar nuevos clientes
	RENTABILIDAD POR CLIENTE	% COSTE POR CLIENTE	55,50%	47,00%	85%	83%	Vigilar la rentabilidad y apoyar la fidelidad del cliente
PROCESOS	ASEGURAMIENTO DE LA CALIDAD	Nº DE RECLAMACIONES DE PRODUCTOS DEFECTUOSOS	850	734	86%	83%	Mantener el programa de vigilancia de la calidad de producto que se comparte con producción
	ASEGURAR SUMINISTRO	Nº DE ROTURAS DE STOCKS EN DISTRIBUIDORES	35	31	89%	83%	Revisar el proceso de suministro de cara a la campaña de navidad
	ATENCIÓN AL CLIENTE	TIEMPO MEDIO DE ATENCIÓN TELEFÓNICA AL CLIENTE	12,5 minutos	17,6 minutos	-2,1 minutos	83%	Revisión de los procesos de atención y actualización del manual de procedimiento
RR.HH	MEJORAR CAPACITACIÓN	NÚMERO DE HORAS DE FORMACIÓN A COMERCIALES	850	740	87%	83%	Revisión del plan de formación para aplicar las acciones pendientes
	MOTIVACIÓN EQUIPO COMERCIAL	COMISIONES ABONADAS POR CUMPLIMIENTO DE OBJETIVOS	45.000,00 €	54.000,00 €	120%	83%	Revisión del presupuesto de incentivos para la fuerza de venta directa

Cuadro 10.1 Cuadro de Mando

La Cuota de Mercado
Introducción

El siguiente artículo presenta el concepto de la cuota de mercado, probablemente el parámetro de mayor valor en la dirección comercial ya que representa en tanto por ciento la participación de una empresa en mercado. Una empresa tendrá una posición más preponderante cuanto mayor sea su cuota. El factor principal para la definición de una cuota es la referencia o respecto a que referencias se estará midiendo la cuota. Aunque la medida de la cuota es relativa, su importancia es fundamental en la evaluación del desempeño de una organización comercial por lo que deberá incluirse sin lugar a duda en el cuadro de mando de cualquier empresa.

Referencia bibliográfica
Matarranz, J.L. (2003). La Cuota de Mercado. España: Clase-ejecutiva, S.L.

El potencial competitivo de la empresa: recursos, capacidades, rutinas y procesos de valor añadido
Introducción

El artículo explica algunos aspectos que se han de tener en cuenta en la formulación de la estrategia de una empresa y que en este caso estará basada en el análisis y decisión de valor añadido que aportan estas competencias a las empresas. El artículo postula como las empresas, de acuerdo con la teoría de los recursos y las capacidades, están adoptando la estrategia del valor añadido en productos y servicios que permita diferenciarse cada vez mejor de sus competidores.

Referencia bibliográfica
Sáez de Viteri Arranz, D. (2000). El potencial competitivo de la empresa: recursos, capacidades, rutinas y procesos de valor añadido. *Investigaciones europeas de dirección y economía de la empresa, 6*(3), 71-86.

Mapas Estratégicos

Esta referencia corresponde a una de las obras más conocidas de Robert S. Kaplan y David P. Norton, Mapas Estratégicos, sobre la conversión de los activos intangibles de las empresas en resultados tangibles. El texto permitirá al lector conocer una de las obras que más han influido en la gestión empresarial moderna y que han servido para entender qué es la estrategia y como toma forma realmente en la empresa. El Balance Scorecard o Cuadro de Mando Integral fue desarrollado por estos autores a partir de los años noventa a partir de investigaciones llevadas a cabo para medir el desempeño organizacional.

Referencia bibliográfica
Kaplan, R. S., & Norton, D. P. (2004). Mapas estratégicos. *Harvard Business Publishing Corporation – Ediciones Gestión 2000.*